砥砺初心

冯丹藜 —— 著

中国文史出版社

CHINA CULTURAL AND HISTORICAL PRESS

冯丹藜（2015 年）

一家三代政协委员，母女二人共同为祖国的生日举杯

在香港街头，向市民普及《国安法》

组织在京的香港大学生参观考察、宣讲《国安法》

在香港东华三院担任总理和顾问六年，为香港市民服务，前后捐款超过 500 万元，其中部分资金用于修复保护历史文物，传承香港慈善文化。东华三院决定以冯凤华（冯丹藜的母亲）的名义命名文化廊

在内地期间，带领医疗队为儿童做视力筛查，落实习主席关于"保护儿童视力"的重要指示

在新疆喀什的农民家里，看望恢复视力的孩子们

为广东清远的贫困家庭提供帮助

带领医疗队赴西藏日喀则，一边调研，一边为儿童提供治疗服务

辑三　香江梦

辑四　慈善路 ———————

辑五　短歌行

辑一

游子意

游子归来歌 ①

无言的岁月

执着地伴我走

春夏秋冬

少老到白头

魂牵梦绕

千古的唇齿情

游子百年饮尽了孤独

"游子归来哟，游子归来哟"

历尽沧桑，屈辱，悲愤从头说

等也等得久

盼也盼得久

走过百年，走不出绵绵无尽的乡愁

我的黄面孔

我的黑眼珠

黄河水映照着

我依然还是我

"游子归来哟，游子归来哟"

母亲的呼唤将游子的心穿透

"游子归来哟，游子归来哟"

历尽沧桑，今天高唱豪情歌

---

① 原载于《湖南日报》1997 年 6 月 27 日、《人民政协报》1997 年 7 月 10 日。

真 爱 ①

翻开厚重的家谱，

看到的是先人用爱的环，一扣一扣织起来的长链，

连着今天；

沐浴在先辈的爱河里，

我的心在颤，

我的手在抖，

从枝叶裹体，到今天衣裳华丽；

从茹毛饮血，到今天美酒佳肴；

从住窑宿洞，到今天别墅高楼；

祖先啊，你们世世代代勤劳、智慧、心血的结晶，

我们筑成了今天灿烂的世界，

让我们活得那么自在，那么美丽，那么精彩！

如果不是有一天黄土地上有了干涸的泪痕，

如果不是原始森林倒下前那声沉重的长叹；

如果不是仿佛来自古远的划破长空愤怒的雷鸣；

如果不是曾经清澈的湖水里再也倒映不出小宝贝们稚嫩的脸蛋儿，

我如何会有今天的惊觉？

人性、母性、天性，全在我血液里沸腾。

难道除了享受前人的爱，我们可以不再爱我们的子孙？

难道让昨天我们童年记忆中的天空不再蓝？

难道让今天多姿的世界不再绚丽？

---

① 原载于《文汇报》2004 年 4 月 7 日。

难道让明天儿孙们的眼睛被沙尘风暴迷住，再也看不到先人踪迹？

我猛地感到肩头的沉重，

我猛地感到良心深处的躁动。

我想干点什么，我能干点什么呢？

哦！那就以我顿悟的心灵，

去唤醒更多心灵的顿悟；

让我们的山——更绿，

让我们的水——更清，

让花朵现艳丽，

让空气更清新，

让千千万万颗爱心将祖先生息繁衍的美丽的地球捧起来，

让我们伟大的母亲河——黄河、长江，

与莱茵河、尼罗河、密西西比河携手，

以那欢腾的万顷碧波，亲吻亚非欧美的大地，

亲吻炎黄的子子孙孙，

哦，让人类真爱永存！

位卑未敢忘忧国 ①

此次中联办组织的社会主义学院学习班，个人收获颇多。首先感谢中联办对我的关心帮助，同时感谢我办和院方对大家的信任，从国家发展到外交形势，从经济建设到社会矛盾，都做了系统深入的讲授。作为改革开放之初即参与国家建设和社会发展事业、个人命运已经与国家前途融为一体的一个人，我对经济发展、社会进步的伟大成就感到无比的自豪，真正是与有荣焉；对国家所处复杂严峻的外部环境、国内出现的社会问题感到忧心，所谓"位卑未敢忘忧国"。边学习边思考，一部分心得已写文章发表，报纸附上，此不重复；另外的简要汇报如下：

（一）我们在港政协委员立足香港，放眼世界，积极为香港和国家发展建言献策具有特别的优势。既了解内地国情，又身处外部世界，对中西文化背景都有深刻体会，是我们的优势。我个人认为，如果有一颗赤子之心，有独到见解和一技之长，就能够在力所能及的范围内为国家做出独特的贡献，在"一国两制"的伟大事业中建功立业。香港不乏优秀的专业人才，更不乏具国际视野的工商界俊彦，但缺乏既具有广阔国际视野，又心系祖国、挚爱香港，具有传统中国人家国情怀的政治家。香港每遇大事，谁来发声？国家每遇困难，谁来登高一呼？谁来入情入理，动之以情、晓之以理，能够先声夺人、先入为主，唯有特区政府、中央政府动员市民大众，而不是遇事先以营商思维权衡得失、见机行事、见步行步。我们需要的是这样的人啊！不论如何，我将一如既往，在关键问题上，坚决维护中央和特区政府的尊严。

（二）为此，我们平常就要深入市民、深耕基层社会，否则遇到原则问题奉命照本宣科，市民就认为你是说给上面听的，是"表忠心"，效果上适得其

---

① 此文写于 2012 年 7 月 13 日。

反。我们圣约翰爵士儿童弱视基金会在本港为小学生普查视力，一般没在我方区议员的办事处，发现弱视病患介绍其诊治，对贫困病患实施帮助。做这些工作，大家是基于爱心和儿童慈善事业，市民们是领情的，这对区议员是支持，在关键时候"打招呼"，人家是买账的。这是我开展慈善事业和市民工作的体会。抱着高高在上的精英心态，适合做专业工作。做政治工作、社会工作是另外一回事。

（三）经过学习思考，我体会到，我们内地在建设和谐社会中，需要不断引进香港和先进国家社会管理的成功经验。包容是中华民族传统文化的基本理念，也是民主社会的应有之义，需要在全社会弘扬。现在内地处在社会矛盾高发阶段，这是经济社会发展到一定程度普遍经历的事情。管理者和民众都有必要接受包容的理念。一方面是管理者，主要是一些地方政府，不要将群众的要求视为无理取闹。不管合理与否，首先是倾听、接纳，然后向群众分析是非，是其是、非其非。毛泽东主席说过："我们应当相信群众，我们应当相信党，这是两条根本的原理。如果怀疑这两条原理，那就什么事情也做不成了。"人民群众大多数是明是非、讲道理的。另外，要让老百姓逐步了解民主的真谛。民主首先在于表达的自由，但不等于有求必应、凡有所求志在必得。即使是最合理的要求，也不等于马上实现、一切满足。形成一个包容的社会，有利于建设更加和谐的社会。

（四）新一届特区政府除谋划香港经济、社会、文化的长远大计，目前最迫切的是果断下手解决中下层住房难、收入停滞不前的困难；青年人"上流"不畅，是未来香港社会稳定的隐患，需引起足够重视。

祝亲爱的祖国更加繁荣昌盛 ①

三中全会公告释放的信息得到全世界的正面响应，让全世界看到了新一届领导层的明确志向，以及所做的、持久的新颖的实施计划。"继续深化改革"消除了所有观望者的疑虑，提出：完善治理体系，提高治理能力，让全世界看到新一届领导层对局势复杂性的充分把握和极为理性的自我评估，这是前所未有的。

作为一个香港人，体会可能更为进一层。这几年香港很不安定，三中全会的内容给香港人吃了一颗定心丸，也让反对派哑口无言，对改善香港现状有极好的现实意义。香港是在祖国第一轮改革开放中受惠最大的地区，而祖国新一轮的改革，让更多的香港人有信心和祖国一起，实现中国梦的同时实现自身的梦！香港这颗东方明珠也会更璀璨。

经济体制深化改革，燃起了人们对各个领域具体改革措施的期待，我认为如果打破某些制度的限制，释放出的发展活力难以估计。以民营医院为例，它们与公立医院承担的社会责任、发挥的社会作用没什么区别，但境遇却是天差地别，一旦改革这种不公平待遇，既解放了民营生产力，也能激发公立的竞争活力，受益的是广大病患，减负的是国家。

总之，"公告"令人精神振奋，我建议将这 5500 字分解、细化，让香港不同层面的人都能看到它、看懂它，特别是让香港所有社团参与热议，这是祖国的大事，也是香港的大事！深入解读会让更多香港人爱戴新一届以习主席为首的中央领导层，也会更加热爱蓬勃发展的祖国！

---

① 此文写于 2013 年 11 月 13 日。

为祖国和平统一出谋划策 [1]

承蒙各位鼎力支持，香港地区中国和平统一促进会今天在此举行"促进中国和平统一研讨会"，国家领导人和两岸的专家学者济济一堂，并肩携手，出谋划策，为祖国和平统一、民族团结复兴再创新举，善尽中华儿女的一份心力，我感到由衷的欣慰。

我出生在北京，生长在国外，但幼承家训，常读中华典籍，从懂事起，就为身为中国人而自豪。纵览中华五千年历史，特别是秦统一中国以后的历史，我认识到，凡是繁荣富强的时代，都是和平、统一的时代，如汉唐、明清，正所谓"天下太平、民富国强"；凡是贫困凋敝的年代，往往是战乱、分裂的时期，如三国、五胡十六国，正所谓"天下大乱、民不聊生"。历史证明：统一，意味着和平、富强；分裂，意味着战乱、贫穷。而正如历史学家的共识，统一是中国历史的主流，分裂是中国历史的插曲。因为比较世界各文明，中华文化最讲究统一，世世代代的中国人、政治家，莫不以天下一统、中外一家为追求，爱国家、爱民族因而成为中华民族根深蒂固的传统。时间进入21世纪，高科技、信息化已经将全世界变成了地球村，在经济、文化高度发达的地区，区域一体化已成为时代潮流，比如欧洲一体化。香港、澳门相继回归祖国之后，背靠强大祖国，香港克服亚洲金融危机等多个困难，保持社会繁荣稳定，经济得以迅速恢复发展；澳门振衰起敝，经济异军突起，民生大幅改善。对比近年来台湾民进党当局推行"台独"路线，经济上阻碍两岸合作，文化上"去中国化"，在国际上制造"一中一台"，使得经济倒退、民生困难、社会分化、自我孤立，这实在是开历史的倒车，是最愚蠢的"自外于中华"的行为。

中华民族是勤劳智慧的民族。在人类各大历史文明中，只有中华文明自古

---

① 原载于《大公报》2007年6月13日。

至今一脉相承、生生不息而且不断发扬光大。现存最早的文化典籍《周易》，一面以天的德行激励我们民族，"天行健，君子以自强不息"；一面以地的品质要求我们民族，"地势坤，君子以厚德载物"。我认为这是我们民族文化的精髓。统一，就要自强不息地去追求；包容，就要厚德载物般的宽广。"一国两制"就是这个精髓的体现，也是总结古代历史经验而在现代的发展。远的不说，在清朝，中国起码实行两种社会制度，一是以中原地区为主体的封建制度，一是西藏等地的农奴制度，还有在伊犁地区介于二者之间的将军制、伯克制。"一国两制"本来是毛泽东、周恩来等中国共产党第一代领导人为解决台湾问题而提出的设想，体现了中华文化的智慧。以邓小平、江泽民为代表的第二代、第三代领导人将之运用于香港、澳门，成为世界上解决此类历史问题的范例。当这一设想已在香港成功实行十年的今天，在此时此地总结经验，寻找国家和平统一的大计，具有非常重要的意义。

"大江流日夜，客心悲未央。"国家一天没有完全统一，海内外中华儿女心中的遗憾就一日无以抚平。我坚信，凭着我们这个古老而伟大民族的智慧和毅力，我们没有完不成的伟大事业！

纪念抗战胜利意义深远 ①

抗战胜利 70 周年纪念日即将来临，这对全体中华儿女和世界反法西斯人士而言都是具有重大意义的一天。历史必须被尊重和正确对待，公理和正义必须予以伸张，英烈们的爱国主义精神必须得到铭记和传承。发动战争的国家，只有彻底正视侵略罪行，勇敢担当起应尽的责任，才能重新被国际社会包容与接纳，才能真正为世界和平发展做出贡献。

安倍歪理邪说的警示

8 月 14 日，日本首相安倍晋三发表第二次世界大战结束 70 周年谈话，"谈话"内容却没有认罪道歉的应有诚意，不仅刻意回避侵略战争罪行，更为战争罪行百般开脱狡辩。安倍没有好好珍惜把握谢罪的历史机遇，反而再一次伤害了战争受害国及其人民的情感，令人既失望又愤慨。安倍的表现并不令人意外，因为自他上台后，其领导下的内阁展开一系列的复辟军国主义行动，其本人曾经的"侵略无定义"歪理邪说，已充分说明安倍并不承认侵华战争的非正义性。世人皆知抢劫与盗窃之间的分别，盗窃是知道自己所为不道德和违法，所以偷偷进行；而抢劫是公然地掠夺财物和危害社会，性质恶劣得多。"侵略无定义"，言外之意是日本如果胜利了，就不算是侵略了？！

日本人常常以中华文化正宗传人自居，可是安倍曲解了古代"成王败寇"的意思。中国人所指的"成王败寇"，是建立在"天下者，非一人之天下，乃天下人之天下也，惟有德者居之"（《尚书》等）的"天命说"基础上，指的

---

① 原载于香港《文汇报》2015 年 8 月 26 日。

是国内而非国际；他可能不知中华文化还有"严华夷之防"，日本是"荒蛮夷狄"，犯我中华是"沐猴而冠"。"谈话"所谓"不以战争解决国际纠纷"，完全是无稽之谈。日寇蓄意发动九一八事变、卢沟桥事变，与"国际纠纷"扯不上关系。所谓日本战后出生人口已经超过百分之八十，不应背负道歉的宿命，尤其讲不通！中国政府从来都认为日本人民也是侵华战争中的受害者，要求道歉是针对日本政府所发出的正义要求，安倍却恶意绑架日本民意要赖不道歉，言辞中还隐隐透出一股今后也不再对战争罪行展开反省的态度，这无疑招致了世界范围所有热爱和平人士的谴责，并警惕日本政府的危险倾向。

波澜壮阔的抗日战争扬我国威

笔者最近频频出席纪念抗战胜利的展览活动，透过对各类历史图片和数据的观摩学习，深深体会到了抗日战争的艰苦卓绝以及中华儿女不屈不挠、保家卫国的英雄主义情怀。抗战胜利是千万先烈以鲜血和生命为代价换来的，极大地打击了侵略者的嚣张气焰，捍卫了我中华民族的民族尊严和国威、国格。特别是中国共产党及其武装力量自己动手解决粮食弹药，开展敌后抗战，对日寇形成前后夹击之势，成为抗战的中流砥柱，令人敬佩不已。

中华先贤曾告诫我们："国虽大，好战必亡；天下虽安，忘战必危。"今日纪念抗战胜利 70 周年的深远意义正是要告诉生活在和平年代的子孙后代，虽然中华民族不是好战的民族，但我们也决不能忘战。当然如今的中国既不是甲午战争时期的中国，也不是抗日战争时期的中国。安倍的父祖辈当年讨到的和讨不到的便宜，都再也休想历史重演！

珍惜和平，实现伟大复兴目标

中国展示抗御外侮的决心、勇气和实力，目的就是为了震慑蠢蠢欲动的军国主义势力不可轻举妄动，除了侵略者，还有人神共愤的"汉奸"特别是近日和安倍政权一唱一和的李登辉之流，不论是过去、现在和将来，都注定被钉在历史的耻辱柱上。

习近平主席指出，现在我们比历史上任何时期都更接近中华民族伟大复兴的目标。而面对国际上霸权主义和日本军国主义企图阻止中国崛起进程，我们只有充分展示反对战争的实力、充分表示珍爱和平的决心，才能像习主席所说的，比历史上任何时期都更有信心、有能力实现伟大复兴的目标。

沙场点兵彰显中华民族气概①

7月30日内蒙古朱日和沙场阅兵，极大地振奋了海内外中华儿女，也受到全世界关注。国人重视那严整强大的军容，阅兵所展示的国威、军威，让国人心中感到底气十足；不少外国人士则更关注中国军队在现代化武器装备上取得的新进展。

我从这支在南昌起义中浴火诞生，走过两万五千里长征，经历了抗日战争、解放战争、抗美援朝、中印边界和对越自卫反击战等，从胜利走向胜利的军队身上，看到了中华民族的气概。这支军队的缔造者之一毛泽东主席，在抗日战争时期曾说过："我们中华民族有同自己的敌人血战到底的气概……有自立于世界民族之林的能力。"

从鸦片战争以军舰大炮打开中国大门以来，不论是八国联军入侵，还是日寇全面侵华，帝国主义亡我中华之心不死。但是，即使在中外力量对比悬殊之时，中国人民也从来没有放弃反抗，而且压迫愈烈，反抗愈强。鸦片战争就涌现了民族英雄林则徐、关天培，以及在浙江定海沦陷前夕壮烈殉国的两江总督裕谦，等等。

国家危难的历史上，有更多硬骨头撑起"民族的脊梁"。日寇侵华，北京沦陷时期，面对东北伪满洲国和日伪华北当局的威逼利诱，清代最后一位状元刘春霖表示："宁作华丐，不当汉奸！"近代历史是中国屈辱的历史，但中国始终没有被灭亡，没有完全沦为殖民地，这是中国人民前赴后继反抗的结果。中国人没有屈膝投降的基因。中国人不好战，但不怕战；我们不敢保证每战必胜，但我们百折不挠，一定要取得最后胜利！

沙场点兵的军人，继承的正是我们民族的优秀基因；沙场点兵的武器装

---

① 原载于香港《文汇报》2017年8月1日。

14

备，展示的正是我们自立于世界民族之林的能力！日前有一位德国学者在钓鱼岛问题上，为中国打抱不平。他指出，中国是核大国，不应该惧怕战争，因为核大国保证了战争结果不会失败。那些持"中国威胁论"的人，或许只看懂了如今中国的"硬实力"，却忽视了中国的"软实力"。沙场点兵展现出的"同敌人血战到底的气概"，就是中华民族的软实力。

不忘初心创未来　伟大复兴值期待 [①]

中共十九大开幕，习近平的报告回顾了中国共产党 96 年来走过的光辉道路，展望美好未来，令人心潮激荡。

大会开始，全体出席者为毛泽东、周恩来、刘少奇、朱德、邓小平、陈云等老一辈领袖和革命先烈默哀，真正体现不忘初心。习近平指出，实现中华民族伟大复兴是近代以来中华民族最伟大的梦想。古代中国一直领先于世界文明，直至 1840 年鸦片战争开始，中国遭遇数千年未有之变局。是中国共产党，经过 28 年艰苦奋斗，建立了新中国，中国人民站起来了；经过 30 多年改革开放，中国富起来了；十八大以来五年间，中国综合国力实现由量变到质变的飞跃，多方面出现井喷式发展，进入中国特色社会主义发展的新时代。正如习近平指出："今天，我们比历史上任何时期都更接近、更有信心和能力实现中华民族伟大复兴的目标。"

在历史潮流中，唯有中国共产党带领中国人民实现了民族解放，用了 70 多年时间，把一个一穷二白的旧中国，建成世界第二大经济体，令海内外中华儿女扬眉吐气，怎能不自信？习近平曾指出："要坚持道路自信、理论自信、制度自信，最根本的还有一个文化自信。"从以毛泽东、周恩来为代表的老一辈中国共产党人到习近平，继承中华文化精髓，吸收中华文化的优秀成果和世界文明精华，与时俱进，提出符合时代的新论述，这是对中华文明健康发展的重大贡献，也是对新时代中国特色社会主义思想的不断丰富。

十八大以来，以习近平同志为核心的党中央，在"一国两制"方面提出、落实一系列重大举措，令香港形势发生根本性好转。因此，十九大报告对香港

---

① 原载于香港《文汇报》2017 年 10 月 19 日。

落实"一国两制"的新论述新规划，令人充满期待，充满信心。在中央大力支持下，有利于香港集中精力，发展经济，改善民生，坚决反"港独"，广大香港市民有了主心骨，奋斗目标更明确。我们热切期待，十九大一定会为香港带来更美好的明天。

优秀传统文化有强大生命力 ①

　　近年来海内外兴起中华文化热。这是因为中国综合国力近年来突飞猛进。就国内说，人们物质生活丰富后，文化生活追求提高；就国外看，人们纷纷对人类文明的另一主角中华文化产生了兴趣。越是这样的时候，我们越要有科学认识。

　　中华传统文化很多，但有一部分是不积极、不科学、不民主、不合理的，比如"封建迷信"、"男尊女卑"、某些宗法制度等。五四新文化运动以来，曾对传统文化进行过反复的激浊扬清，当然其中也有不少矫枉过正之处，比如过分"疑古"甚至陷入历史虚无主义。五四新文化运动的优秀成果要继承发扬。我非常赞同习总书记在中共十九大报告中的提法：弘扬中华优秀传统文化。

　　"国家宝藏"也是这个道理。不是所有古物都是文物，有历史、科学、艺术价值的古物才是文物，否则只是古董，甚至连古董也不是。现在热门词汇是"国宝"。"国宝"与金银财宝是两码事，国宝未必价值连城，关键在于她是民族精神的象征、民族历史的记录。"国家宝藏"就更进一步，她最好既是历史的，又有现实生命力，能被继承发扬为新时代的文化；既是民族的，又在整个人类文明史上具有高度，甚至推动人类文明进一步发展。优秀传统文化有强大生命力。十九大报告有关"推动中华优秀传统文化创造性转化、创新性发展"的论述，就是这个意思。令人遗憾的是，《国家宝藏》节目没有达到这样的高度，有些甚至流入炫奇、俗套。我断续看过《大公报》几篇"传国之宝"介绍，有灵感。专家学者需沉下心好好研究，做节目不但要对公众口味，还要引领社会文化风尚。

　　香港"故宫文化馆"，我很期待，希望不要被反对派批为违反"两制"。同

---

　　①　此文写于 2018 年 3 月。

时，我也有些为文物担忧。南海之滨温度高、空气湿度大，含盐也高，这对长期生活在北京的文物未必合适。文物是活着的生命。我也知道什么恒温恒湿等高科技，但文物不可能自始至终，完全生活在真空里。对于故宫历代相传到如今的这些国宝级文物，我们还要考虑到子孙万代的永续利用。有些情况下，保有，就是利用。

君子以自强不息 ①

以"奋斗"概括今年两会，我高度认同。因为这是党的十九大后"决胜全面建成小康社会"的开局之年。实现第一个一百年目标近在咫尺，第二个一百年目标进入冲刺。中华民族经历了百年苦难之后，终于迎来出头天，如今比历史上任何时候都更接近和更有能力实现民族复兴目标。但这恰恰是最关键时刻。当年我们灾难深重时固然悲催，但"否极泰来"，那也是绝处逢生之时。现在，面对一个曾经领先世界两三千年的文明大国徐徐崛起，重回世界中心，多少人虎视眈眈！台海、南海、东海、中印边境、印太等危机接踵而来，等着我们行偏踏错。我们只有继续发扬先贤遗训："天行健，君子以自强不息。"紧紧团结在以习近平同志为核心的党中央周围，凝神聚气，奋斗不止！

---

① 此文写于 2018 年 3 月。

辑二

政协情

为实现伟大的"中国梦"做出贡献①

接获组织通知，我能荣任全国政协委员，感到无上光荣。作为改革开放之初即参与国家建设和社会发展事业、个人命运已经与国家前途融为一体的中华儿女的一员，我对国家经济发展、社会进步的每一项成就都感到无比自豪，真正是"与有荣焉"。我体会到，今天的荣誉绝不是对我以往工作或者说奉献的酬佣，而是国家对我尽忠报国、参政议政、建言献策的新期许。我一定以百倍努力，竭尽全力，知识报国，为实现伟大的"中国梦"做出贡献。

1. 我生长在新加坡，在大学学习的是中国文学包括新闻学。20 世纪 70 年代我在香港创业，国家改革开放之初就投入内地经济建设和社会发展，先后担任了湖南省海外联谊会副主席、湖南省政协委员等职，发起建立中国弱视儿童基金会，长期利用我们"光彩明天"北京儿童眼科医院国际专利技术，坚持帮助内地和香港贫困弱视儿童治疗，等等，同时一直在办杂志，参与及赞助香港的新闻出版，为国家、为香港、为社会，略尽绵薄之力。在港政协委员立足香港，既了解内地国情，又身处外部世界，对中西文化都有深刻体会，是我们的优势。就新闻出版而言，如何继承我国新闻学优良传统，同时吸收当今世界业界优秀成果，建设既符合中国国情又体现世界潮流的舆论环境，有很多工作可以做，今后我一定持续关注，提出建设性见解。

2. "一国两制"下的香港不乏优秀的专业人才，更不乏具国际视野的工商界俊彦，但缺乏既具有广阔国际视野，又心系祖国、挚爱香港、具有传统中国人"家国情怀"的政治家。担任湖南省政协委员期间，2009 年学习"科学发展观"活动中，我向省委省政府提出《关于加强公民社会建设的建议》，建议在经济建设发展同时着力社会建设。2011 年，时任中共中央总书记胡锦涛

---

① 此文写于 2013 年 2 月 21 日。

在"七一讲话"中，对加强"社会建设"做了全面、系统论述。对照"七一讲话"检查自己当初的想法，我认识格外深入、收获格外大。2010年底湖南省政协会议上，我提交了《关于"以文强省"与建设"文化强省"的议案》，认为我国经济发展模式已经步入必须转型的时期，因此提出"以文强省"及早占领"楚文化"中心的高地、"以文强省"着力发展文化创意产业、"以文强省"提高经济发展的文化内涵、"以文强省"应对沿海加工业内迁、从"以文强省"到建设"文化强省"面向未来型经济等建议。2011年中共十七届六中全会，作出《关于深化文化体制改革推动社会主义文化大发展大繁荣若干重大问题的决定》，制定了"建设社会主义文化强国"的战略部署。这使我深受鼓舞，对中央决策的及时、正确有特别的认识。早几年，我接受两地媒体访问时，还提出过要走有自主知识产权的经济发展道路，"大国不搞小经济"。现在国家已经进入经济转型期，个人备受鼓舞。这方面我也会继续努力。

3."实现中华民族伟大复兴，是近代以来中华民族最伟大的梦想。"以习近平同志为核心的中共第五代领导集体上任之初提出的"中国梦"时代命题，在全国引起强烈反响和广泛共鸣。近代中华民族的"噩梦"是从帝国主义罪恶的毒品贩运开始的，近代中华民族的屈辱是从香港被迫从祖国"割让"出去开始的；而中华民族的伟大抗争也是由民族英雄林则徐领导的虎门销烟开始的，中华民族救亡图存、自强不息的复兴之梦也是从这时开始的。香港是第一个进入现代化的华人社会，历史学家和社会学家指出，那是中国人历尽百年苦难和屈辱修成的"正果"，不是殖民主义者的功劳；而我们的改革开放恰恰又是从毗邻港澳的南国之滨开始的。香港有经济、文化、社会发展，有许多成功经验可以借鉴、失败教训可以汲取。我有在文化、实业、慈善、社会等方面工作的经验，有在香港、内地、海外工作、创业的经历。这不应是我个人的财富，而应贡献给我的祖国和人民！

希望组织和领导继续给予我关怀、指导，同事们给予我更多支持、帮助！

站在历史高度审视和发挥港区政协委员的作用 ①

年初，中联办组织港区全国及省市政协委员赴北京等地集中时间学习、考察、调研，我收获巨大。除了解了国家内外、港内外形势，国家亟待解决的问题等之外，我在思想认识上有了一次飞跃，那就是：如何站在历史高度，正确认识港区政协委员的作用；如何立足现实，在香港社会、在国家发展中，发挥港区政协委员的特殊作用。有如下体会，请批评。

（一）港区委员应把增强国家软实力作为重要工作目标

在国家改革开放相当长的历史时期及至现在，港资一直是境外投资的最大来源，其作用尽人皆知。但是，香港对国家的价值不单单在经济上、资金上，而且在现代化社会建设等许多软件建设上。在两岸及至海外，香港是华人社会最早现代化了的地方，这种现代化不但体现在物质文明建设方面，也体现在精神文明建设方面，最突出的如慈善文化。可以自豪地说，香港慈善文化从香港开埠以来就开始了，最早的东华三院、保良局，就力行慈善互助慈善。这是中国人的本土文明，不是殖民舶来品。150多年来，善慈文化不但发扬光大，在维持社会生活及其秩序方面也发挥了巨大作用，这对国家建设和谐社会有极大参考价值。中国人不患贫，而患不公平，现在老百姓愤怒的是分配不公、贪污腐败、为富不仁，若让慈善文化在内地社会普及光大，富而知礼，富而助人，人人互谅互爱，社会就会和谐一些。

我较早认识了慈善文化的意义，所以多年前就开始在两地开展贫困弱视儿童康复治疗活动，赖各位仁翁善长共襄义举，现为5000名以上贫困弱视儿童成功施治，恢复光明。不得不指出的是，在赞助者当中，内地善长比例大大低于香港。我不气馁，相信人人都有颗善心，精诚所至，金石为开，这正是我奋

---

① 此文写于 2012 年 12 月。

斗的目标：要把慈善文化带到广大神州大地，为和谐社会建设贡献力量。

其他如办学、护老、法治社会建设、公共秩序建设，都可以成为我们委员的着力点，我们有这方面优势和经验，每一个领域都值得倾情投入。

（二）委员们须深耕本港社会

时代发展，社群变化，新一代逐渐成为香港社会主体。这一代不同于上几代，不完全崇拜名人，不再专注理想信念。简单说，我们用政治口号、明星效应为号召的时代渐渐过去了，要发挥代表、委员的作用，不能停留在向中央、特区政府伸手争取政治资源，而在躬耕力行，深耕本港社会，深入市民，为他们排忧解难，促进就业脱贫。虽是艰苦工作，却是争取选票的不二法宝。

在这方面我是有体会的，在实施本港弱视儿童康复治疗计划中，我们选择了九龙社团联会、民建联等联络小学、地区，在那里为儿童视力普查，为市民做实事。遇有需要向大家开口，人家说什么也愿施以援手了。

（三）委员在关系国家、香港大是大非问题上必须旗帜鲜明，为主义而奋斗

这几年本港，对台大事不断。在中央及中联办方面，我想是很希望代表委员们出声的，实际上，不少时候，往往总是那么几位出面，让人形成爱国力量薄弱、老化之感。政治需要讲艺术，也要讲原则，为自己信念而坚持，同样受人尊敬，在反对"一边一国""全民公投"等问题上，我都发表过署名文章，坚持原则，分析入理，赢来的是尊重。

通过近期学习，我总的体会是，社会发展变化，国内外港内外主要工作、主要矛盾错综复杂。作为委员，必须登高望远，时刻掌握历史发展新趋势，高瞻远瞩，同时又要深入基层，实事求是，扎扎实实，理想与实际相结合，理论与实践相联系，方不负政协委员的历史使命。

砥砺奋进，为香港稳定和国家发展及扶贫攻坚做贡献 ①

五年来我做了什么

我于 2013 年荣任全国政协委员以来，在全国政协和香港工委等各级领导关心、指导、支持下，努力把中央部署和指示付诸政协委员的具体行动，充分发挥熟悉国情、港情和在新闻出版、儿童视力康复等方面的特长，以创新思维参政议政，履职尽责，为人民政协和"一国两制"事业尽绵薄之力，形成一些心得体会，总结如下。

（一）政协委员要讲政治、要善于学习，在学习中才能提高自身政治修养。在学习领会中共十八大、十九大有关香港工作论述和中央对港工作思路，深入调查研究香港社情民意变幻中，才能为落实中央政府对香港的全面管治提出有价值的建言

1. 2014 年 2 月，鉴于围绕 2017 年香港特首选举，反对势力抹黑中央甚至组织瘫痪特区政府施政的一系列活动的关键时刻，我向政协提交了《关于建议中央发布推进香港普选系列行动公告的提案》，建议以"白皮书"形式进行一次基本法普法教育并公告中央政府采取的一系列推进香港同胞当家做主和香港政制民主发展、推进行政长官和立法会议员"全民普选"的决策和努力。提案受到中央领导重视，2014 年 6 月 10 日，中央发布了《"一国两制"在香港特别行政区的实践》白皮书。我为自己的建言得到重视感到欣慰。

2. 2014 年 12 月，我提交了《关于完善中央对港管治机制的建议》，提出

---

① 此文写于 2017 年 12 月。

"中央政府职能部门理应有观察、监督和向中央政府汇报的权力"。这与中央强调的"全面管治权",在思想上高度一致。

3. 2015 年底,向 2016 年两会提交《关于建议制定"国歌法"及在港实行的提案》,建议在人大完成"国歌法"立法之后,将它列入基本法附件三,在香港实施。如今这项法律已通过人大立法,并于 2017 年"十一"公布实施。

4. 2017 年两会上提交《关于厉行反"文化港独"、促"文化回归"的提案》。

（二）政协委员要自觉维护共产党核心,以恰当的方式在港澳及海外宣传习近平新时代中国特色社会主义思想

经过学习习近平同志关于实现中华民族伟大复兴的中国梦的一系列战略部署和讲话、指示,我对习近平同志在继承弘扬、创造性运用中华传统文化方面的贡献有一些深刻的体会。针对港澳台和海外华人对以习近平同志为核心的新一代领导人需要更多了解,我买下人民日报出版社版权,于 2015 年 6 月香港回归纪念日前夕,在香港出版发行了《习近平用典》港澳台繁体字版。我在"跋"里指出:习近平"是中华文化的优秀传人";"中华民族优秀传统文化已经成为习近平科学思想体系的有机组成部分"。党的十九大正式把"习近平新时代中国特色社会主义思想"写入党章,我能深入体会并为在港澳台海外宣传这一思想尽一份力而感到莫大荣幸。如今此书已经两次重新印刷。

2016 年十八届六中全会确立习近平同志核心地位后,我发出《"核心"好比"主心骨"》访谈等一系列声音,在内地和香港为树立核心意识造势。

（三）针对香港社会现状,用创新思维和方法搭建创新平台,团结更广泛爱国爱港人士特别是青少年的力量

当年邓小平同志对香港爱国者定义三要素,归根结底是文化认同;今天习主席指出"四个自信",最根本的是文化自信。争取香港同胞特别是年青一代人心回归,最根本的也是认同中华文化。文化就必须是"春风化雨""润物无声"。

1. 从 2012 年开始,在香港出版发行内地久负盛名的《读者》杂志繁体字版,开始是无偿赠送香港大中小学阅读,五年来读者队伍稳步增加,如今已经基本实现收支平衡,读者基本上都是青少年。

2. 密切关注做香港年轻人工作的时机。今年回归 20 周年庆典期间，与几间机构合作组织了有 450 人参加的"香港青少年庆祝香港回归 20 周年交响乐团赴京考察团"，在国家大剧院通过一系列音乐交流、主题演出和参访体验活动，加深香港青少年对国家的了解和感情，争取使这些人成长为爱国爱港的新生力量，保证爱国者治港队伍发展壮大。

3. 为此，我向中联办领导当面表达了"关于适应形势变化，创新在港工作的建议"。

（四）开创深耕民意的管道，大胆尝试得收获

1. 我大胆尝试选择环保主题。从 2012 年开始，我尝试把节能环保专题作为和基层对接的工作，我出资 100 万元，为香港困难家庭更换节能灯。我邀请在读的高校生为义工，和我们一起直接进入市民家里安装灯胆，这种直接的交流和实惠的帮助受到市民普遍的欢迎，也开通了和市民交流的好管道。地区议员协助落实换灯行动，其中有的原本对我方心存芥蒂，但经过合作的考验，最终变成我们的积极支持者。

2. 2016 年，我又投入 100 万元，帮助 1168 户市民更换了节能灯，并由专业机构跟踪检验成效，结论是每年可以节约 11.4 万多度电、减碳 62 吨。接着又有黄大仙、深水埗、观塘的 800 个家庭，参与到正在进行的下一期换灯行动。由于近年来香港社会政治撕裂，爱国爱港社团组织的好多活动市民不愿参加。但组织青少年义工进行的这项换灯活动一直不受影响。他们来自中产家庭，留学回港，是未来香港社会的中坚力量。通过全民认同的环保行动，同样达到团结基层家庭的目的。这项活动初见成效之后，受到中电、煤气公司、马会等香港著名企业支持，特区政府也将此列入施政重点。

今年年底，我将组织"香港大学生环保学习访京团"，来表彰年轻义工朋友们，加深青年人对祖国的向心力。

3. 公益慈善是香港的主流文化，融入是必要的。我从 2003 年起在港致力于慈善事业，包括出任东华三院总理、出资建立东华三院文物馆等，成立"圣约翰爵士香港儿童弱视基金会"，2007 年开始在香港推出"光彩明天行动"大型公益慈善活动，陆续走进九龙 50 间小学、幼儿园及 200 个物业小区，开展弱视义务筛查、弱视知识普及与公众教育，加强联系香港基层群众，关键时刻都发挥了积极作用。

（五）繁荣稳定是香港真正的民意，关键时刻大胆发声、充满自信、以理服人，大是大非面前旗帜鲜明

这几年国家和香港都发生了一系列重大事件。每逢关键时刻，我自觉在第一时间发声，力争在舆论正面导向方面做出努力，在香港主流报刊发声，摆事实、讲道理，以理服人。这几年大约在各大报章发表文章25篇。例如十九大开幕次日，在香港《文汇报》发表《不忘初心创未来　伟大复兴值期待》。2014年人大常委会"8·31决定"公布后，发表《人大当机立断，体现中央保持香港繁荣稳定的历史担当》。2016年11月人大就基本法第104条释法后，发表《效忠加入的体制是"国际标准"》。今年6月29日习主席视察香港前夕，发表《港人要有赢得"三大机遇"决心》。8月1日发表《沙场点兵，彰显中华民族气概》。

（六）参与国家扶贫攻坚战并建言献策

从2003年起，笔者致力于慈善事业特别是儿童慈善，15年来累计为12000多名贫困家庭弱视青少年免费医治病患，补贴经费5000余万元。

响应党中央和习主席打赢国家扶贫攻坚战的号召，陆续提交了《关于尽最大可能解决人民群众"看病难、看病贵"问题的建议》《关于建立完善青少年儿童视力保护机制的建议》《关于将儿童青少年弱视纳入医保及新农合的提案》《关于健全打赢脱贫治贫持久战措施的提案》等提案，得到相关部委的肯定响应。特别是2016年两会上提交的《关于建立完善青少年儿童视力保护机制的建议》被国务院扶贫开发领导小组以国开发〔2017〕1号档采纳，被国务院扶贫办写入2017年9号档的工作内容之中。国家卫生计生委、发改委、教育部、财政部、人保部、中医药管理局等六部委国卫医〔2016〕21号档采纳；卫生计生委以国卫办妇幼发〔2016〕43号档《关于加强儿童青少年近视防控工作的指导意见》下发。

履职心得体会

1. 认真学习、深入领会新时代习近平中国特色社会主义思想和党的路线方针政策、基本法，是履职尽责的根本保证。

2. 以创新思维，贯彻落实"一国两制"事业。现在已经不是改革开放初期为招商引资而开展工作；针对选战开展的基层工作，要以普罗大众的期许为方向。在选票上，李嘉诚是一票，住公屋的困难群众也是一人一票。

3. 全情投入，一以贯之，久久为功。例如贫困地区贫困家庭弱视儿童病患医疗问题。

4. 一个人的力量有大小，关键是要肯于奉献、甘于奉献。出版《读者》、《习近平用典》香港版，更换节能灯，资助贫困家庭弱视儿童治疗等，自始至终我本人都是主力，在此基础上，团结带动一群人，一起奋斗。

回顾总结担任委员五年来的工作，一方面感觉离中央的要求还有一定差距，另一方面感到渐入佳境。我应该有决心、有毅力，紧跟中国共产党和习总书记，为人民政协事业、"一国两制"事业、打赢扶贫攻坚战等做出新贡献，以不负伟大时代。

制定《国歌法》，早日落地香港 ①

近年来在香港，接连发生了有人在公共场合公然践踏国旗、在国际体育赛事上"嘘国歌"的事件，而且随着"港独"势力日益猖獗，此事有愈演愈烈之势。而按照香港现行法律，对制止及惩处此种行为力度极为有限，不能遏制"港独"等破坏国家统一的反动势力的嚣张气焰，对广大爱国爱港市民的人心士气造成打击和挫伤。为此，我们建议中央政府加紧进行《国歌法》立法，然后由全国人大决定将《国歌法》列入香港基本法附件三，在香港特别行政区实行。

一、侮国旗、嘘国歌"无王管"，法律空子需弥补

香港最近发生的践踏侮辱国旗事件是在 10 月 3 日，"港独"组织成员在港铁大围站挥动"港独"旗帜并煽动群众践踏国旗。根据香港《国旗及国徽条例》，任何人公开及故意以焚烧、毁损、涂画、玷污、践踏等方式侮辱国旗，即属犯罪，一经定罪，最高可被判监 3 年及处罚款 5 万元。目前此事尚未处理。2010 年 6 月，有墨西哥游客在港烧毁中国国旗，曾被判监禁 16 天。总的来看，香港对此类事件一般惩处较轻，特别是在爱国爱港力量相对薄弱的法律界，有的法官存心偏袒此类事件的被告。

6 月 11 日，2015 年俄罗斯世界杯亚洲区预选赛中国香港队对阵不丹队，赛前奏国歌时旺角大球场内响起巨大嘘声，音量甚至盖过现场演奏国歌声；接下来中国队对阵阿根廷队，国歌响起后嘘声盖过乐声；9 月 8 日晚，中国香港队对阵卡塔尔队，香港球迷第三次嘘声大作。说明这已经不是个别现象、个别

---

① 本文为作者于 2016 年向全国政协大会提交的提案，原题为《关于建议制定"国歌法"及在港实行的提案》。

人的行为。对于此事，香港现有法律基本上是"无王管"，国际足联所能采取的处罚只有"闭门比赛"，那无异于处罚球队。面对这一形势，广大香港同胞义愤难平，很多人要求呼吁中央立法，弥补香港现有法律漏洞。

二、履行基本法宪制责任，以法维护国家、民族尊严

鉴于香港现有法律对制止及惩处此种行为基本无能为力，而由香港本地立法规管此类问题，如同就《中华人民共和国香港特别行政区基本法》第二十三条立法保证国家安全一样，在立法会根本无可能通过，只有全国人大先就早有呼声的《国歌法》完成立法，然后将《国歌法》列入香港基本法附件三，公布在香港特别行政区实施。

基本法第八条规定："香港原有法律……除同本法相抵触或经香港特别行政区的立法机关作出修改者外，予以保留。"第十八条规定："全国性法律除列于本法附件三者外，不在香港特别行政区实施。凡列于本法附件三之法律，由香港特别行政区在当地公布或立法实施。全国人民代表大会常务委员会在征询其所属的香港特别行政区基本法委员会和香港特别行政区政府的意见后，可对列于本法附件三的法律作出增减，任何列入附件三的法律，限于有关国防、外交和其他按本法规定不属于香港特别行政区自治范围的法律。"基本法附件三原列十个法，包括《国旗法》《国徽法》，但就无"不属于香港特别行政区自治范围的法律"——《国歌法》。所以，就此履行法律程序，也是中央政府的宪制责任。如果在明年春人大会议上能完成《国歌法》立法，并通过将她列入基本法附件三，那么有关维护国家和民族尊严的这三个法律就都可以在香港实施了。

成功阻止第二十三条立法，是香港反对派和国外敌对势力的得意之作。如果现在通过将《国歌法》列入附件三的法律程序，对敌对势力是一次震慑，对香港不明事理的一些年轻人也是一剂清醒剂。治国在于张弛有度，光靠"送大礼"换不来对国家的爱、对自己民族的尊重。侮辱国格、损害民族尊严，有国法侍候，是法治社会的应有之义。

正名：“国耻日”应为“国难日” ①

2014 年 2 月 27 日十二届全国人大常委会第七次会议将 9 月 3 日确定为中国人民抗日战争胜利纪念日之后，社会舆论关于确定“国耻日”的呼声不断，日期包括“九一八”“七七”等。我们认为，提议本身没问题，但“国耻日”的提法非常欠妥，或者说错误，应正名为“国难日”。

一、“国耻”是“自作孽”

按传统理解，“国耻”是国家之内当政者或人民因自己“一失足而成千古恨”的历史伤痛。“国耻”一词及上述内涵，早在《礼记》里已有。《礼记·哀公问》：孔子认为国家要有“礼”，如此，“物耻，足以振之；国耻，足以兴之”。汉代郑玄疏曰：“物，犹事也，事耻，臣耻也。振，犹救也。国耻，君耻也。君臣之行，有可耻者，礼足以救之，足以兴复之。”西晋司马彪《九州春秋》记载三国时汉光武帝刘秀之子东海恭王后裔刘虞的话：“天下扰乱，未能竭命，以除国耻。”南北朝沈约《宋书·武帝上》有“誓雪国耻，慨愤陵夷”。唐代杜甫诗《建都十二韵》有“时危当雪耻”。宋代蔡梦弼笺曰：“雪，洗雪也；耻，国耻也。”至鸦片战争之后，有把鸦片之害视为“国耻”，例如郭嵩焘奏曰：“西洋与中国构怨之源，实自鸦片烟始。推原祸端，创巨痛深。宜如何疾首蹙额，相为戒禁，以示无忘国耻之义。”但毕竟鸦片贸易还是双方互动形成，与日本帝国主义悍然入侵有所区别。而近代国学家章太炎《艾如张董逃歌序》也指出戊戌变法是为“雪国耻、起民瘼”。总之，“国耻”带有自责、自省

① 本文为作者于 2016 年向全国政协大会提交的提案，原题为《关于正名“国耻日”为“国难日”的提案》。

之义。

二、由外寇入侵而造成国家灾难，是"国难"

汉马融《忠经详解·辨忠章第十四》："忠而能勇，则国难清。"南北朝范晔《后汉书·臧洪传》："广陵太守超等，纠合义兵，并赴国难。"直到民国赵尔巽《清史稿·儒林传三》"以国难家仇，愤欲杀贼"，还是此义。因此，"九一八""七七"都可说是"国难日"。如果说中国历史上的很多"国难"，还是局部地区遭受其他部族入侵，顶多是国内各民族之间的争斗，那么，近代以来历次遭到的帝国主义入侵，才是真正的"国难"，而日本军国主义发动的志在亡我中华的九一八事变、七七事变，是我们永远铭记在心的"国难"。

日本人一向自负中华文化的造诣，涉及日本问题的用语，一定要慎重推敲。

舆论宣传"请进来"，尽快真正"走出去"[①]

一、舆论宣传既要重视"走出去"，更要重视"请进来"

十七届六中全会以来，我国实施文化"走出去"战略，取得显著成效。在此前后，传媒、舆论"走出去"一直是业界努力的方向。我根据多年来的传媒工作经验和观察思考认为，传媒有与一般文化艺术不同的客观规律。舆论宣传既要重视"走出去"，更要重视"请进来"。这主要是因为国际传媒业、舆论界，与国内思想宣传工作模式完全不同。打造"媒体航母"扬帆出海，按国内通行的宣传模式运作固然行不通，改头换面、换汤不换药的方式改变依然不尽如人意。在这方面，我们香港媒体多年来的经验教训，足以说明问题。赵启正任外宣办主任时与国外同行有一段对话，大意是他抱怨对方对我国负面新闻过多，这位国外同行问有多少，他称负面新闻达40%，正面的不足60%。这位同行说：他们对政府一般是负面新闻达60%，对你们还算是够客气了！

二、请进国外同行，送出"中国故事"

我建议，传媒实施"走出去"战略过程中，需要特别重视"请进来"。请进国外同行，送出"中国故事"和"国货"。不久前韩国媒体制作的中国宣传片《超级中国》，在韩国收视率很高，其中有些地方连中国观众都感觉"过誉"。可以想象，如果我们自己拍出这样的新闻片，那叫"王婆卖瓜"，不会收

---

① 本文为作者于2016年向全国政协大会提交的提案，原题为《关于舆论宣传"请进来"以进一步完善"走出去"战略》。

到理想效果。再如以客观、专业、公信力强著称的《香港经济日报》，其言论在港影响力胜过我方在港许多媒体。

三、借鉴各方面经验，开展"民间交往"、国际业界合作

传媒舆论不论是"走出去"还是为"走出去"而"请进来"，实际上我们自己可供借鉴的经验很多。

1. 借鉴"民间外交"，可以由业界以及行业协会，与国际著名传媒机构展开非官方交往、学术交流、国际行业协作，交流互动中既拉近了距离、沟通了感情，又加深了合作，最终互利共荣。

2. 借鉴"文化年""旅游年"，与国外互办"传媒年""新闻年"，集中力量各个突破。

3. 由国内著名企业、企业协会，与国际有影响力的传媒集团及新闻学院开展跨行业国际合作，除投放广告等一般手段外，设立某某新闻奖、某某新闻学院等，从人才培养等多方面入手，广结善缘，增强我们的话语权。

4. 认真考虑和部署，将传媒合作纳入"一带一路"建设。

5. 做好香港中立而有公信力媒体的工作。由于香港在国际社会特别是西方世界具有特殊影响，香港传媒在西方有一定市场，应该研究新的历史条件下对香港传媒的公关之道。

文化"走出去"，要规避诸如"越是民族的、越是世界的"之类的观念；舆论宣传"走出去"，也要尝试适应国际传媒界的"常态"，而"请进来"好比"借船出海"，有利于我们尽快真正"走出去"，提高我们在国际舆论界的影响力。

环保科学应列入学校基础课程和全民科普教育[①]

近年来包括今春中国大部地区严重空气污染的严酷现实，已经引起中央和各级政府、全体国民高度重视。我们必须采取切实措施，展开环境抢救、治理、恢复的长期系统工程。大气污染只是环境破坏的冰山一角。环境科学是一门综合学科，需要各方面有识之士集思广益；环境保护是一项系统工程，需要全社会力量一致应对。我曾长期担任国家有关部门"环保大使"，对推进此项工作的艰巨性有切身体会。本提案只有挂一漏万，就其中关键和急迫问题建言如下：

1. 应对目前严峻环境形势的策略，建议采取"先救命、后治病"方针。对于造成空气、地上地下水、土地、山岚等污染的污染源、罪魁祸首，就如中央领导同志指出的，必须以壮士断腕勇气，以雷霆万钧之势，迎头痛击，斩草除根。坚决刹住环境污染由量变、渐变，走向质变、剧变的势头；同时展开系统治理工程，包括结合产业结构调整、扶贫、城镇化等开展环境治理。在组织保障方面，可以考虑设立国家环境治理保护工作委员会。

2. 今天的后果不是今天造成的，所以也不是只要有决心明天就可以恢复的。这是一项大工程，需要用几代人的努力来解决。建议在中小学开设环保科学基础课，从娃娃抓起。西方发达国家的小孩子，环保意识明显较强，环保知识较丰富。他们从小有着垃圾分类、废物利用等好习惯。普及环保科学，改变人与自然的关系，端正现代人对自然环境的认识，引导子孙后代热爱自然，保护环境。

3. 在广大人民群众当中，开展环境科学普及教育，像20世纪50年代扫

———————————
① 本文为作者于2014年向全国政协大会提交的提案，原题为《强烈呼吁将环保科学列入学校基础课程和全民科普教育的提案》。

盲、70年代开展计划生育那样，去改变全体国民的道德观念、生活习惯。现实环境使人们知道污染对自身的直接伤害，应将这种体会提升为保护环境的主动意识。一个文明民族不是与生俱来的，碧水蓝天不是不可挽回的，关键看我们的决心和魄力！

完善近视防治机制，保护青少年儿童视力 ①

　　青少年儿童的身心健康、体魄强健是一个民族旺盛生命力的体现，是国家综合国力的基础。眼睛是获取知识的源泉，是传递信息的门户，大脑中 80%以上的知识和记忆是通过眼睛获取的。但我国青少年视力不良率居世界第二，人数居世界之首，如果不能采取有效的防治措施，将严重影响家庭幸福、经济社会发展，以致成为中华民族伟大复兴"中国梦"实现的一大阻碍，所以必须高度重视，迅速行动起来，调动全社会的力量，共同保护民族的未来与希望——青少年儿童的视力。

一、我国青少年儿童视力现状

　　根据 2010 年教育部、国家体育总局、卫生部、国家民族事务委员会、科学技术部、财政部每 5 年联合发布一次的《第六次全国学生体质健康调查报告》，2010 年各学段学生视力不良检出率，7—12 岁小学生为 40.89%；13—15岁初中生为 67.33%；16—18 岁高中生为 79.20%；19—22 岁大学生为 84.72%，分别比 2005 年上升 9.22 个、9.26 个、3.18 个、2.04 个百分点。另外，北京光彩明天儿童眼科医院自 2011 年 5 月 28 日启动"献爱心投资千万，送儿童光彩明天"——义诊十万、救治千人活动以来，通过为北京地区 154 所幼儿园、95 所小学共 62759 名儿童免费视力筛查发现，4—6 岁儿童视力不达标率为23.1%。由此可见，我国青少年儿童的视力不良检出率持续上升，并出现低龄化倾向，表现出普遍性、长久性、日趋严重性等特点。

---

　　①　此文为作者于 2016 年向全国政协大会提交的提案，原题为《关于建立完善青少年视力防治机制的建议》。

造成青少年儿童视力日趋下降的原因很多，除遗传因素外，主要有以下几个方面。

一是光污染普遍。

1. 长期过度使用电子设备。研究表明，长期使用像 iPad、电脑、手机这种荧光屏的电子产品，会让眼睛长期聚焦在一个点上，给双眼带来不可逆转的损伤。如 iPad 虽属高分辨率的先进 IPS 电子屏，但 LED 背光源的亮度是普通电脑屏幕的 4 倍，离眼睛非常近时，强光将直接、集中照入人眼，瞳孔会不断进行收缩来适应光源的变化，调节瞳孔的睫状体肌肉会始终保持紧张状态，长时间可导致睫状肌痉挛，造成调节性近视甚至加重真性近视。

2. 现代化教学设备埋下隐患。多媒体辅助教学形式生动、直观易懂，越来越多的中小学校和幼儿园采用多媒体屏幕、投影仪和白板教学，但绝大多数教室没有配备专门的遮光帘，设备疏于维护，亮度不达标，不符合视觉生理的要求，造成学生长期视觉疲劳。

3. 灯光强弱不当。经济条件改善后，学校、家庭普遍用上了日光灯。日光灯是一种气体放电灯，它有很强的频闪性，极易导致人的视觉疲劳。此外，日光灯含有较多的紫外线成分，其峰值功率波长为 430 纳米，而人眼对光最敏感的波长为 550 纳米的黄绿光，其显色性就较差。这对成长发育中的青少年儿童影响尤为严重，也是近视患者增加的重要原因之一。

二是学业负担过重。受传统应试教育体制的制约，学校为了追求升学率，使得中小学生在激烈的竞争中承受较大的学习压力。目前小学生在校时间长达 7—8 小时，中学生则更长。繁重而紧张的学习和课外作业负担，使中小学生用眼过度，长期处于疲劳状态，从而影响了眼睛的健康发育。

三是饮食习惯不良。时代的快速发展加快了生活节奏，也带来了"快餐"文化，为了节约时间成本，更多的人选择快餐来满足口腹之欲，这也是青少年儿童最爱吃的。常见的就是油炸类、腌制类、饼干类（不含低温烘烤和全麦饼干）、汽水可乐等。这些食品的做法会破坏食物的营养成分，以致影响伤害眼睛。以饼干类食品为例，多吃会严重破坏维生素，缺乏维生素不仅使角膜易干燥、晶体状变得混浊，而且严重的还会出现角膜软化，甚至失明。

四是护眼知识缺乏。很多家长认为孩子尽早接触电子产品，可以促进智力发育，便将其作为一种重要的教育手段。有的家长用电子产品对孩子进行视频早教，部分家长为避免孩子哭闹，把电子产品当成哄孩子的法宝，给孩子的视力埋下了巨大隐患。当发现孩子视力有问题时，家长基本上都只是带孩子到眼镜店配镜，由于当前眼镜市场鱼龙混杂，产生了诸多质量问题，使孩子的身心受到损害，造成戴眼镜儿童视力急剧下降。更有甚者，有的家长认为戴眼镜不方便，影响美观，害怕戴镜后度数会越来越深，所以孩子近视了，连眼镜都不给配戴，致使孩子看不清就会使劲调节用眼，使睫状肌处于痉挛状态，造成恶性循环，使近视度数不断加深。

五是诊治效果不佳。这个结果主要是由三个因素引起的：

1.眼科医生匮乏。目前我国平均每6万人群拥有1名眼科医生，而美国每千人拥有眼科医生数量为2.79名，法国为2.17名。我国眼科医生的千人拥有量远远低于发达国家水平。

2.专业眼科医院少。当前，综合医院大都设有五官科，但是专门针对青少年儿童视力不良的诊治重视不够，投入少。以弱视为例，儿童弱视是儿童的一种常见病，国际统计公认，国家人口1/4是儿童，中国13亿人口就有儿童3亿多，我国儿童弱视发病率为3%—5%，总计弱视儿童有1300万以上。但目前在县一级的综合医院甚至在多数市级综合医院中都没有设立儿童弱视科室，也没有治疗弱视的有效方法。导致大多数弱视儿童发现晚，错过了最佳治疗期，形成永久性的视力缺陷。

3.治疗手段落后，新研究成果推广不够。视力不良的种类很多，产生的原因也是五花八门，在治疗手段上就必须分门别类、对症下药、有的放矢。但在这方面普遍存在传统老旧现象，政府的重视程度不够，人力财力投入不足，没有很好的研究成果，对民间眼科专家的研究成果推广也不足，致使孩子眼睛生病了都不知道到哪里看，耽误了治疗。

二、青少年儿童视力不良带来的巨大危害

一是影响孩子的健康成长。视力不良引起诸多不便，如看不清楚事物、走路摔跤等，使青少年儿童对各种室外活动和锻炼逐步失去兴趣，转而倾向于静止性活动，久而久之，不仅健康受影响，而且对生活缺乏热情，对未来失去信心。这种自闭而自卑的不良心理将可能伴随其一生，成为挥之不去的伤害和

阴影。

二是影响人才的选拔培养。青少年儿童视力不良会导致注意力深度、广度受限，辨认远处物体和精细目标能力下降，直接影响学习效率。视力不良不只是生活和学习上的不便，很多工作对视力都有严格要求，如飞行、航海、侦察、轮机工程、运动训练、烹饪工艺等。除此之外，患有弱视的儿童由于没有立体视觉，终身将不能从事如建筑、工程设计、医学、机械、美工等工作。这将导致许多行业，特别是高精尖行业人才可选范围大大缩小，人才队伍青黄不接，直接影响国民经济和社会的发展。

三是制约国家的安全发展。《国民健康视觉报告》指出：保守估计，2012年各类视力缺陷导致的社会经济成本有 5600 亿元，占 GDP 的比例高达 1.1%。若没有有效的干预措施，到 2020 年，我国 5 岁以上人口的近视患病率将增长到 50.86%—51.36%，患病人口将接近 7.04 亿—7.11 亿。在航空航天、精密仪器制造、军事等国家安全领域，符合视力要求的人力资源可能面临明显缺口，将从战略上直接影响我国的国家安全。

三、改善青少年儿童视力现状的意见建议

一是建立完善相关法规，促使视力防治有规可循。制定专门的法律、行政法规或条例，通过强制措施保证青少年儿童眼睛得到充分休息，在预防视力不良上下狠功夫。

1. 建立学生视力档案。规定中小学生及幼儿园儿童定期进行视力检查，每年不少于一次，建立学生视力档案，对视力有问题的学生及时进行医治。建立科学有效的监督评估机制，将学生视力不良率纳入学校素质教育的综合考评体系。

2. 禁止 3 岁以内儿童接触电子设备。美国儿科学会建议"两岁以下的婴幼儿应避免接触电视和其他娱乐媒体"；英国心理学家及儿童健康问题专家埃里克·西格曼警告说："儿童至少在 3 岁前不应该看电视；3—7 岁的孩子每天看电视以及使用各种电子设备的时间应该在 0.5—1 小时；7—12 岁孩子可以延长到 1 小时；12—15 岁不超过 1.5 小时。"而我国目前对于这方面并没有相关条文进行约束，因此应尽快制定相关法律法规，引导少年儿童正确、合理使用电

子设备，从而有效控制电子设备对少年儿童视力的影响。

3.建立完善眼保健操制度。国家教委早在1972年就规定：小学生每天两次课间眼保健操。眼保健操可以提高人们的眼保健意识，调整眼及头部的血液循环，调节肌肉，改善眼的疲劳。实践证明，正确的眼保健操同用眼卫生相结合，可以控制近视眼的新发病例，起到保护视力、防治近视的作用。但许多学校一味追求升学率，不再重视眼保健操，还经常拖堂占用课间休息时间，必须下大力整治这种现象，保证眼保健操制度的落实。

4.建立学校营养师制度。要求中小学生及幼儿园必须配备营养师，通过营养的均衡补充防止青少年儿童视力不良情况的发生。《国民营养条例》明确规定，凡超过百人以上的幼儿园和学校都必须配备专业的公共营养师。但调查表明，相当一部分学校都没有按要求配备营养师，大多数幼儿园都不同程度地存在三大营养素搭配比例不合理，碳水化合物不足、蛋白质和脂肪过高、微量元素尤其是钙锌明显缺乏等，说明了配备校园营养师的重要性和紧迫性。

二是加大扶持力度，推进眼科事业的发展。加强公立医院眼科门诊和民营专业儿童眼科医院的发展，提高治愈率，改善中国儿童视力现状，政府的政策扶持显得至关重要。

1.简化眼科医院行政审批程序。手续繁多、时间跨度长、审批难是当前阻碍专业眼科医院发展的"拦路虎"。在对待设立专业眼科医院这个极度缺乏、老百姓十分需要的医疗机构上，应该按照"精简、规范、高效"的要求，开绿灯、发"通行证"，大力扶持。

2.重视眼科医生培养。眼科医生是一个技术性很强的专业，需要国家在培养人才上有政策倾斜和侧重，鼓励人们投入眼科事业，彻底改变眼科医生严重缺乏的现状。另外，还要畅通人才流通渠道，确保人才到更适合的岗位去，防止人才浪费。

3.加强视力治疗仪器设备的研发推广。先进的治疗仪器是治愈眼睛、恢复视力的有效平台，要鼓励科研人员和医疗专家开拓创新，研究创新有效的治疗方法，发明创造先进的治疗仪器，并加大政策支持、资金支持的力度，推广应用，以此扩大治疗效果。

三是强化舆论宣传，提高爱眼护眼意识。要充分发挥信息时代媒体宣传的强大作用，唤醒全民爱眼意识，在一点一滴的日常生活养成中提高青少年儿童的视力健康水平。

1. 加强爱眼护眼的紧迫感。普及用眼卫生和视力保健的知识和技能，加强家长、学校和学生对青少年视力保护工作的重视。如在电视、广播、报刊等媒体平台开辟青少年视力保健专栏；开展眼睛保健讲座，教育青少年及其家长掌握爱护眼睛，预防近视、弱视及其他眼疾的知识；结合"国际爱眼日"等节日开展专题活动，传播科学的爱眼护眼知识，努力提高全社会对儿童视力防控的认识。

2. 营造健康的教学环境。按照国家制定的学校卫生各项标准，改善校舍环境及教室的采光和人工照明条件，尽快落实幼儿园、中小学校教室采光和照明卫生新标准中的各项要求。科学配置与学生身高相应的课桌椅。同时要正确认识电教设备对学生健康成长的作用，科学、适度使用投影、电脑等现代化教学设备。

3. 减轻学生课业负担。严格落实各级教育行政部门"减负"的各项规定，切实保证学生的睡眠和活动时间。加快考试制度改革及有效教学模式的研究，切实减轻学生的课业负担。同时，通过学校和新闻媒体宣传，倡导家长不要给学生盲目地增加课外作业和补课。认真开展大课间体育活动，保证学生每天一小时的体育活动。加强体育锻炼，将孩子从繁重的课业负担中解救出来，把健康还给孩子。

宜将"儿童弱视"纳入医保范围 ①

　　儿童弱视是指眼部无器质性病变,以功能性为主所引起的远视力低于 0.8 且不能矫正者,主要由屈光不正、屈光参差、斜视等引起。根据官方数据统计,在我国大约有 1200 万儿童患有弱视,占该群体的 4% 左右,已经成为严重危害儿童身心健康的发育性眼病,应该引起全社会的高度关注。建议政府将其纳入医疗保险体系,以切实加大对儿童弱视的治疗防控力度。

(一)儿童弱视发病率高,危害大

　　由于社会的发展、信息化及电子产品的广泛应用,以及饮食结构的不合理,儿童弱视的发病率逐渐上升。弱视不仅会使患儿视力低下,而且没有双眼同视功能和立体视觉功能,不但儿童健康受到影响,而且会使其对生活缺乏热情,对未来失去信心,形成自闭和自卑的不良心理。患有弱视的儿童由于缺乏立体视觉,不仅为家庭造成负担,也将导致许多行业,特别是高精尖等战略性领域人才可选范围缩小,直接影响国民经济和社会的发展。

(二)儿童弱视对治疗期限有特殊要求

　　弱视是一种发育性疾病,国际医学界普遍认为最好的治疗期在学龄前。随着年龄的增长,治疗难度随之增大,效果越来越差,14 岁前为有效的治疗"窗口期",超过这个年龄,将失去治疗价值,患者将一辈子与清晰的世界无缘。因此,必须最大限度地保证弱视儿童在"窗口期"内得到及时有效的治疗。

(三)经济原因是影响弱视儿童就诊率的一个重要因素

　　我国 1200 万以上弱视儿童大部分在农村,其中,有 30 万建档立卡的贫困家庭儿童。许多人因为经济状况不好,无力承担治疗费用,不得已放弃治疗,

---

　　①　本文为作者于 2017 年向全国政协大会提交的提案,原题为《关于将"儿童弱视"纳入医保范围的建议》。

从而带来终身遗憾。这部分儿童如能及时治愈，就能更好地成为社会建设的生力军和建设者。2016 年 10 月，光彩明天儿童眼科医疗集团在 8 个国家级贫困县开展了"为贫困家庭弱视儿童送光明活动"试点工作，集团下属的 8 家医院累计筛查 4—14 岁儿童 27631 人，确诊视力不良儿童 9447 人，其中弱视儿童 1972 人，弱视发病率为 7.1%，明显高于发达地区的 4%。这些儿童大多数为留守儿童，家庭特别贫困，根本没有经济能力接受正规的弱视治疗。国家应该出台政策，将弱视纳入国家医保体系，以挽救这部分孩子的视力，防止因弱视致贫返贫。

（四）将儿童弱视纳入医保的条件已经成熟

改革开放 30 多年来，我国经济飞速发展，综合国力大大增强，改善和保障人民群众医疗健康的能力也大幅提高。为使改革开放的成果惠及更多的群众，适时将弱视纳入国家医保体系，既是必要的、紧迫的，也是可行的、有条件做到的。

宜将"护眼米字操"纳入全民健身体系 ^①

习近平总书记指出："人民身体健康是全面建成小康社会的重要内涵，是每一个人成长和实现幸福生活的重要基础。"眼部健康是人身健康的重要组成部分，事关家庭幸福、社会进步。随着网络化、信息化的飞速发展，人们对电子产品的过度依赖，手机控、电脑控越来越多，致使眼睛成为最大受害者。上班族和孩子们久盯屏幕，眨眼次数减少，使电离产生的灰尘进入眼睛，引起眼睛局部的充血和感染。长时间盯着 iPad 和手机、电脑屏幕，使眼睛得不到放松休息，会导致眼睛干涩、酸痛和流泪，视力下降甚至复视，干眼症、视疲劳、结膜炎和屈光不正等眼部疾病明显增加。

据国家信息中心发布的消息，2016 年眼睛视力问题对国家 GDP 的影响已达到 1.2%，到 2020 年，我国 5 岁以上人口的近视患病率将增长到 50.86%—51.36%，患病人口将接近 7.04 亿—7.11 亿。而根据教育部等六部委每 5 年联合发布一次的《第六次全国学生体质健康调查报告》，各学段学生视力不良检出率，7—12 岁为 40.89%；13—15 岁为 67.33%；16—18 岁为 79.20%；19—22 岁为 84.72%。如不采取有效的防护措施，必将影响到青少年一生的学习及职业的选择，严重影响到高精尖人才的选拔，以致影响到国家的战略安全。因此，完善全民视力保护机制，不断研究推广科学性保护措施十分迫切。我们建议，推广一套科学、简便、有效的"护眼米字操"。

---

① 本文为作者于 2018 年向全国政协大会提交的提案，原题为《关于将"护眼米字操"纳入全民健身体系的提案》。

一、"护眼米字操"的科学性

这套"护眼米字操"是我国航空航天飞行人员眼科标准制定者、眼视光专家、现北京光彩明天儿童眼科医院院长李志升教授，经过几十年研究，并经过20多年的实践，总结出的一套行之有效的方法。该操以眼外肌协调训练和眼内肌放松训练相结合，通过练习训练眼周肌肉协调运动，逐渐恢复睫状肌和瞳孔括约肌调节与放松，改善眼内外血液循环，增进新陈代谢等原理，以缓解眼睛视疲劳、调节性近视、干眼症等。其做法是：第一节，眼球上下运动；第二节，眼球水平运动；第三节，眼球左上、右下运动；第四节，眼球右上、左下运动；第五节，眼球旋转运动，先顺时针旋转，后逆时针旋转。眼球运动结束后闭眼一分钟，然后睁眼注视远处绿色植物1—2分钟。

这套"护眼米字操"简便易学，科学有效，20多年来一直在一定范围内运用推广，被业内许多专家认同。今年又有北京协和医院眼科主任钟勇、北京医院眼科主任戴虹、北京人民医院眼科主任赵明威、301医院眼科主任李朝辉、北京同仁医院眼科主任宋旭东、北京儿童医院眼科主任李莉等多名眼科专家在临床和互联网上推广运用，其科学性、有效性不断得到验证，影响越来越大。

二、推广"护眼米字操"的可行性

一是简便易学易做。因为它只靠眼睛自我运动完成，不依靠任何器械、任何辅助手法和特定的环境场地。用时短、步骤少、好掌握，一共分五个步骤，全部做完只需要两三分钟。

二是无任何副作用。经过二十几年的实践，"护眼米字操"能有效消除视力疲劳、干眼症，防止视力下降，无任何副作用和不良反应，因不用动手，避免了眼部、口部感染等问题。

三是实践效果好。该操起初用于飞行员眼睛保健，后又经光彩明天儿童眼科医院近16年的实践应用，多次在部队、学校、医院和电视、报纸等媒体推广，得到了眼科专家、飞行人员、低视力儿童和广大群众的一致称赞。许多长期坚持做此操的人员说："天天米字操，近视度数不增高。"

三、建议

建议将"护眼米字操"纳入全民健身体系。一是进行可行性论证。由国家卫生、体育、教委等有关部门组成专家组对该操进行可行性论证，并提出修改意见。二是指定不同类型的单位试行。在听取各方面意见后，再结合实际不断完善。三是向社会推广。"护眼米字操"适用于各行各业所有人群。建议报纸、电视等主流媒体邀请发明人主讲宣传推广，尽快惠及广大群众。

医疗改革的得与失——专题调研后的思考与建议 [①]

参加全国政协组织的专项调研组，赴湖北武汉、当阳、宜昌等地考察了有代表性的一些医院，所有见闻反映出我国医改取得的巨大成绩和当下面临的不可轻视的问题，仅谈谈自己的相关思考和建议。

思考一：我国是十三亿人口的超级大国，要保障人民的健康，注定我们要有大医疗的思维和格局，关键在顶层设计创新，像经济领域的改革开放一样，不在计划经济的影子里和国家大兜底的圈子里转。解决医疗资源严重不足是解决所有问题的根源，所以开发多元化所有制体系的医疗资源是深化医疗改革的重要举措。

建议一：大力改善社会办医的舆论环境，鼓励民营医院和社会资本进入医疗市场，并且在这个问题上，通过宣传教育，形成全社会的共识，营造社会办医的强大舆论氛围。

建议二：科学制定准入条件，提供政策保障，切实清理取消不合理的前置性审批事项，提供"一站式"服务，为社会办医打开绿色通道。

2015 年 6 月，国务院办公厅印发的《关于促进社会办医加快发展的若干政策措施》明确提出，要进一步放宽准入、拓宽投融资管道、促进资源流动和共享、优化发展环境。但现行卫生行政主管部门审批新设立医院，仍然依据1994 年《医疗机构管理条例》，比如具备一级医院条件的专科医院，在报批医疗执业许可时第一关就通不过，省、市卫生行政主管部门给的理由是没有设立这类民营医院的标准，找不到政策依据。

---

① 此文为作者于 2015 年向全国政协大会提交的提案。

许多特色专科医院虽然具有技术优势，由于法律的缺位而被拒之门外，造成医疗资源的浪费。

建议三：让所有从业医生都拥有职称晋升、科研成果评奖、申请自然科学基金等方面的权利。

建议四：让民营医院和医保挂钩。

建议五：消除对社会医疗机构的歧视性规定，从2014年1月1日起，北京民营医疗机构的发票统一改为与商场、歌厅、餐饮一样的服务行业通用发票，丝毫没有医院的属性。发票的制发上与公立医院的"两种面孔"，形式上不公平，逻辑上说不通，本质上是歧视，建议予以纠正。

思考二：医改的出发点也即终极目标是让病人治好病，医疗效果应该是第一位的，而现行的医院等级划分沿用的是计划经济模式下的标准，拼规模、拼硬件、拼历史，给患者以不合理的引导。这种终身制的"金字招牌"会导致医院本身重规模扩张而忽视内涵发展，重硬件建设而忽视服务质量、服务态度改善的可能，以致出现有背医疗道德的种种现象。

建议一：必须建立医疗诚信体系，强化质量管理机制，取消现行的医院等级评定制度，评价医院的优劣应以其社会诚信度和医疗质量为根本标准，淡化先天优势，鼓励后来居上，从而使同属一个体系的所有医疗机构在同一个平台上公平竞争，良性发展。

建议二：制定科学严格可操作的诚信评价标准。此标准应覆盖医务工作的全过程各环节，包括医疗技术、服务态度、治疗效果、科研创新、价格费用、环境状况、事故纠纷、医德医风等，制定负面清单。同时，制定医务人员个体诚信子系统，在对医院进行诚信评价的同时，也对医务人员个人定期进行评价。

建议三：建立公正有效的诚信监管机构。由卫生行政主管部门牵头，相关部门参加，社会公众参与监督的医疗诚信管理机构，对医院诚信按统一标准进行动态实时的评价监管，对于触犯"红线"的视情况给予警告、罚款、停业整顿直至取消营业执照的处罚；对于直接责任个体给予警告和取消执业资格的处罚。建立以单位组织机构代码为基础的医院诚信代码制度和以身份证号码为基础的诚信代码制度，并纳入国家统一的信用信息共享交换平台。

思考三：在"防"字上下功夫，防的工作做好了，不仅能从根本上提高全民的健康水平，也能从根本上缓解"治"的压力，弥补"医"的不足。因此，必须重心前移，打好预防疾病的主动仗。

建议一：首先是发挥政府主导作用，组织工作要前移，包括宣传教育、知识普及、制度规范、政策调节，还包括必要的经费投入、强制性规范等。要在全社会形成科学文明的健康理念和生活方式，提高全民的健康意识和健康水平。

建议二：医疗干预前移，根据《北京市 2014 年度中小学生体检统计报告》资料，初三学生视力不良检出率为 81.9%，高三学生为 88.4%，这种状况令人担忧。如果能搭建医疗机构与社会和学校的互动平台，形成机制，送医上门，开展经常性的健康辅导、咨询答疑，根据不同行业、不同人群进行有针对性的防病指导，把导致疾病的可能性降到最低，就可达到俗语说的用小钱办大事的目的。

民营医疗机构存在问题之我见 [①]

医疗卫生事业关乎千家万户，是重大民生问题。民营医疗机构是我国医疗卫生事业改革后的新生力量，经过二十余年的发展，已经成为我国医疗卫生事业的重要组成部分，是对公立医疗机构的有益补充。民营医疗机构为我国的公共医疗市场引进了竞争机制，为完善我国公共卫生医疗事业注入了新鲜血液。民营医疗机构使我国公共卫生医疗事业的经济结构趋于社会化、合理化、公益化，使我国的公共卫生医疗事业向国际公共医疗体制迈进了一步。民营医院在我国的蓬勃发展，对于中国医疗体制改革具有重大的意义—— 一定程度上解决了老百姓反映多年的看病难、看病贵等问题，同时也刺激了我国国有大型医院在医疗设备、服务质量上的进步，并为社会提供了数以万计的就业岗位，为构建和谐社会做出了积极贡献。发展民营医疗机构不仅是时代的需要，更是民生的需求。

一、加大对民营医疗机构的监督力度，同时加大对民营医疗机构的扶持力度

近年来，随着医疗市场竞争的日趋激烈，个别民营医疗机构受利益驱使，存在违法行为，如发布虚假医疗广告、医托、小病大治、乱收费、超范围执业等，扰乱了正常的医疗市场秩序，损害了广大患者的利益。身为一名全国政协委员、经营民营医疗机构十几年的企业家，我在看到央视《焦点访谈》栏目于10月25日曝光的北京燕竹医院，超范围开展诊疗活动和进行虚假宣传，让无

---

① 此文为作者于2016年向全国政协大会提交的提案，原题为《关于民营医疗机构存在的问题和建议》。

辜患者蒙受巨大损失，倍感痛心。我坚决拥护政府加大对民营医疗机构的监督力度的政策，也希望相关部门落实法律法规，发挥行业协会作用，加强行业监管，引导民营医疗机构规范执业，增强民营医疗机构的社会服务意识和社会责任感。

中国医院协会副秘书长庄一强指出，民营医院目前面临的现状，就像中国游客在国外旅游一样，一部分游客的低素质行为，让外国人给中国人的形象打上了恶劣的标签。社会群众本就对民营医疗机构存有偏见，认为民营医疗机构会通过不正当手段获取高额利润，而且对其医疗技术水平不信任。一些新闻媒体片面的宣传，也造成了对社会公众的误导。一家小民营诊所发生的医疗事故，往往会引起全国网民对整个民营医院行业的"讨伐"。所以我们不能让"一颗老鼠屎，坏了一锅粥"。政府部门在管理上亦不能"一人生病，大家吃药"，因为有个别民营医院不守规矩，就把板子打在大家身上，应该还合法经营的民营医院以清白。我们希望政府加快制订民营医疗机构发展的长期规划，不能说干什么就一拥而上。要按照"巩固壮大一批，发展提升一批，引进培育一批，改制改性一批，规划储备一批"的总原则，促进民营医疗机构的健康发展。同时，遵照"宁缺毋滥、优胜劣汰"的原则，强化对民营医疗机构经营活动的监管，对于那些不当谋利、恶意损害患者合法利益，不讲诚信、严重违反医疗原则和道德的民营医疗机构，及时坚决清除出医疗行业。提高民营医疗机构的公信力，推动民营医疗机构健康发展。

二、存在的问题和建议

自 2009 年实施新医疗改革以来，党中央、国务院高度重视社会办医工作，提出了很多支持和扶植民营机构的方针政策，如北京的"京18条"、温州的"1+11条"。新医改实施方案里"民营医院在医保定点、科研立项、职称评定和继续教育等方面，与公立医院享受同等待遇；对其在服务准入、监督管理等方面一视同仁"等政策方针更是从根本上帮助了民营医疗机构的发展壮大，是一种强有力的支持。但政策虽好，落实到各地各部门的工作却没有跟上，确实出现"看得见，摸不着"的"玻璃门"现象。加之国家在公立医院的投入加大，使其在"福利性"逐渐加强、医保报销"先天性"的便利以及技术人才、规模等优势对民营医院形成"围堵"之势的情况下，民营医疗机构还要在同一个层面上和公立医院展开竞争，压力之大可想而知。所以我国民营医疗机构要健康快速发展，不仅需要政府加大对民营医疗机构的政策支持、资金支持、管理支持、市场支持力度，更需要政府在政策上的有效落实，使民营医疗机构能与公立医院享受同等待遇。首先可从几个方面入手，让所有民营医疗机构能看到可持续发展的希望，更有信心、有决心为国家医疗事业的发展承担一份重任。

（一）民营与公立医院的发票应统一

北京民营医疗机构之前使用的发票是由地税局统一颁发购得的医疗服务收费专用发票，虽然形式与公立医院不同，但性质相似，并已正常使用多年。但从 2014 年 1 月 1 日开始，北京民营医疗机构的发票被改成服务行业通用发票，与商场、歌厅、餐厅等一样，没有医院特点及内容，并限额一万元，完全不能满足医院需求。在发票问题上与公立医院不能"同等待遇"是一种倒退，甚至是一种歧视。

（二）银行应统一民营与公立医院的刷卡收费制度

银行在医院内的刷卡收费，公立医院是免费的，民营医院却要收营业额的 1%，如年营业额 1000 万元，银行收取 10 万元。医疗本就是民生行业，没有很高的利润，所以这一负担是很重的。

（三）有效解决各种行政许可"事难办，效率低，多部门管理"的现状

政府相关部门应推进行政审批制度改革，采用主管部门一站式办公、一条龙服务的模式，并采用"一次性告知制度"。按国家相应政策为机构办理各种手续，而不应各唱各的调，并且多个部门管，还互相推诿，如申请一个互联网医疗保健信息服务，跑七八趟也办不下来，并且不指出具体原因，造成事难办、效率低。政府应加大服务型政府机构建设，营造政府与社会机构良性互动的机制，建立高效、廉洁的服务型政府机构。

（四）医护人员继续医学教育学分意义不大，并存在乱收费问题

国家对于医护人员本就有着严格的考核制度和晋升制度，继续教育学分的实际意义本就不为人所重视，但却成为硬性规定。现在大多数医护人员都是通过听一些基础的讲课、开一些和他们自身专业提升毫无关系的会议去拿学分，在本来工作负担沉重的情况下，还要利用少有的休息时间，匆忙听课、参会积

学分，加重工作生活负担，与此相反，他们主动学习，查阅资料学到的知识则是没有办法用学分评定的。所以继续医学教育每年的学分制度已被很多医护人员嗤之以鼻。而且，民营医疗机构因为规模小、等级低、人少分散而不能建立继续医学教育基地。加之政府对于民营医疗机构继续医学教育问题监管大于扶持，导致继续医学教育学分已成为民营医疗单位医护人员的巨大压力和负担。民营医疗机构的大多数医护人员就只好通过卫生部门指定的机构去掏钱购买学分，这些机构却把继续医学教育学分承包给营利性网络公司来操作，由此滋生出一个利益链。呼吁取消或者改革医护人员的继续教育学分制度。

（五）应取消营利性医院等级划分

我国医院等级划分的依据是医院的规模、功能和任务、设施条件、技术建设、医疗服务质量和科学管理等综合水平。营利性医院多以特色的专科医院和较小的综合医院为主，其中不乏医疗技术精湛的著名专家及设备尖端的医疗机构，但个别民营医院的医资力量远远达不到国家二级、三级的相关要求，却通过不正当渠道为获取高收费而跻身二级甚至三级医院行列，利用老百姓对医院等级划分的依赖心理及信任，误导患者就医，比如有的打着肛肠医院的牌子，其实根本做不了甚至从来没做过肠的手术，随时有发生医疗事故的危险，出现事故也只会给民营医院带来更多负面影响。所以取消营利性医院人为的划分等级，既可消除非法办医的不良动机，又能为百姓营造一个良好的就医环境。

对于在夹缝中求生存的民营医疗机构来说，目前所面临的困难还有很多，如医保、人才、科研、税收等。这些问题如果不能有效解决，就会严重制约民营医疗机构的可持续发展。我们希望，在政府机构严格监管和真心扶持下，民营医疗机构能够更好地为人民健康服务，更健康快速地发展，为我国医疗卫生事业做出更大贡献。

民营医疗机构发展困境之我见 ①

改革开放 30 多年来，随着社会主义市场经济的建立和发展，民营医疗机构从无到有、从小到大，在服务社会、服务公众方面承担着越来越重要的作用，与公立医疗机构共同构建了医疗卫生服务体系。民营医疗机构不要国家投资，减轻了国家财政负担，增加了社会就业，满足了群众多层次、多样化的医药医疗服务需求，在提高群众健康水平中发挥着不可替代的作用。促进民营医疗机构发展既是医疗卫生事业自身发展的要求，也是深化医疗卫生体制改革的重要举措，同时还是人民群众的迫切希望，对促进卫生资源的战略性调整，改善医疗服务条件和解决群众看病就医问题具有十分重要的意义。

一、政府的管理理念出现偏差，政策得不到认真落实

大多数民营医疗机构规模小、等级低，长期以来一直在公立医疗机构的夹缝中生存，形势非常严峻，生存环境艰难。大量深层次的矛盾正在严重影响着民营医院的生存和发展，政府理应大力扶持。最突出的问题是"医保"政策不落实、税收负担过重、人才匮乏、资金不足。

当前，政府及主管部门对于民营医疗机构监管大于扶持，管理理念出现偏差，重要政策长期得不到认真落实。2010 年 11 月，国办发 58 号《关于进一步鼓励和引导社会资本举办医疗机构的意见》、2012 年 8 月"京 18 条"和温州"社会办医 1+11 文件"等文件都特别指出：将符合条件的非公立医疗机构纳入医保定点范围，执行与公立医疗机构相同的报销政策。非公立医疗机构在

---

① 此文为作者于 2016 年向全国政协大会提交的提案，原题为《关于民营医疗机构发展的困境与建议》。

医保定点、科研立项、职称评定和继续教育等方面，与公立医疗机构享受同等待遇，对其在服务准入、监督管理等方面一视同仁。

建议：尽快出台"京18条"细则，具体体现"一视同仁"，消除阻碍非公立医疗机构发展的政策障碍，改善执业环境，促进非公立医疗机构持续健康发展。虽然极少数民营医疗机构存在形象差、坑骗群众、虚假广告等现象，但只要卫生行政管理部门对其在准入、资质、行为、服务、价格等方面加大监管，出现的任何问题都是可以防止并能解决的。

二、落实医保政策，打通民营医疗机构生存和发展的瓶颈

"京18条"明确指出：社会办医疗机构与政府办医疗机构实行一视同仁的基本医疗保险政策，有关部门对于各类医疗机构实行统一的审批标准。

1. 目前，北京市的"医保"覆盖率已达到99.5%，几乎是全民"医保"。有无"医保"已成为就医的第一道门槛和最重要的品牌。北京市对民营医疗机构的"医保"政策已停办近5年。海淀区民营医疗机构多被政府界定为营利性医疗机构。营利性医疗机构自己出资租用装修房屋、购买仪器设备；支付员工工资、工会费和社会保险、残疾人保障金、房产税、土地使用税、城市维护建设税、教育附加费、企业所得税、个人所得税等，负担十分繁重。凡此种种，使得没有"医保"的民营医疗机构举债度日，生存十分困难。民营医疗机构若不加入全民医疗保障体系，则自身无法生存，更没有力量去发展特色科室和专业。

2. 按照北京市劳动保障局规定，民营医疗机构进"医保"，必须经过区卫生局再评审。但卫生部有关文件规定：地方卫生局颁发的《卫生执业许可证》已确认医院的等级，公立医疗机构不用再评审。为何民营医疗机构进"医保"还必须经过再评审？

建议：取消不科学的再评审程序，落实"医保"政策，"享受同等待遇"，打通民营医疗机构生存的瓶颈，创造公平宽松的执业环境。对于已有"医保"的民营医疗机构在使用"医保"费用的额度上，应和公立医疗机构一样。

三、进一步减免税收

营利性民办医疗机构除了免征营业税外，应缴纳的企业所得税等其他税费可适当返还。

四、变更民营医疗机构发票令人费解

以前，民营医疗机构使用的发票是地税局统一颁发购得的属于医疗服务收费专用发票，虽然形式与国营医院不同，但性质相似，都是医疗专用发票，已使用多年，一切正常。但从2013年1月1日起改成了服务行业通用发票，与物业、歌厅、停车场一样，没有医院特点及内容，还限额1万元，不能满足医院需求。应特别指出的是，医疗行业是一个科学技术与医疗技术很高的特殊行业，使用服务行业通用发票这种做法实在令人费解，所以建议立即改正。

五、积极引导民营医疗机构加强人才队伍建设

民营医疗机构依据国家规定，自主聘用工作人员，只要是取得合法注册资质的医护科技工作者，在职称评审、户籍管理、住房与子女入托等方面都应享有与公立医疗机构人才同等的待遇。鼓励公立医疗机构与民营医疗机构建立广泛的业务联系，组织开展多种形式的技术合作和人才培养。

医师"多点执业"，守护全民健康 ①

近年来，随着《中共中央国务院关于深化医药卫生体制改革的意见》的发布，医师多点执业逐渐成为社会关注的热点问题。在医疗资源极度缺乏的现实背景下，新医改试图重建一个比较理想的医疗服务体系，让临床经验丰富的执业医师在工作之余，兼职坐诊基层、边远地区、医疗资源稀缺地区和其他有需求的医疗机构，希望能够借此共享优质医疗资源，有效地分流病源，让群众能够就近享受优质医疗服务，在一定程度上缓解看病难看病贵的问题，使医疗资源得到最大化的合理发展和应用，能更好地为广大患者服务。这就是医师多点执业诞生的初衷。

自新医改方案出台以后，作为医改重大举措之一的医师"多点执业"问题就一直处于风口浪尖。尽管政府放宽了医师多点执业的限制，但当政策具体落实时，仍存在诸多困难与矛盾。多点执业的推行还需要突破哪些束缚？

一、应取消不能跨省、自治区、直辖市多点执业，让医师资源最大限度地发挥功效

新近出台的国家卫计委等五部委联合印发的《关于推进和规范医师多点执业的若干意见》中虽然提出鼓励医师到基层、边远地区、医疗资源稀缺地区和其他有需求的医疗机构多点执业，可是并没有明确如何引导。而且在《卫生部关于医师多点执业有关问题的通知》中又规定"医师原则上应当在同一省、自治区、直辖市内执业，地点不超过三个"。这本身就是矛盾的。我国的执业制

---

① 此文为作者于 2016 年向全国政协大会提交的提案，原题为《关于医师"多点执业"的建议》。

度本就特别死板，执业证书上写了你在某家医院上班，那么你就只能在这家医院行医，哪怕你去离这家医院很近的地方行医，从理论上讲，都是非法行医，更不用说跨区跨省行医。我国的医生在我国的领土上，竟不能自由地为病者看病，如何能实现医生资源更大限度的供给？

"多点执业"的根本其实就是"自由执业"。目前世界上绝大多数国家的医师都是自由执业。在国外，医生不属于任何单位，只要持有执业医师资格证，就可以自由选择执业地点。可在国内，执业医师必定供职于某家医院。医师作为一种卫生医疗资源，不应仅是某一个医院的专属，任何一名医学生乃至医生的培养，都是国家和社会共同承担的。医生最终的社会职责就是为病人服务。所以应实现医师的社会化，逐步改变医师与医院的依附关系，让医师摆脱"医院固定资产"的身份，回归"自由执业"的本性。

而且现在有很多受病人欢迎的医师，他们愿意不辞劳苦、不计报酬地去一些边远地区行医，然而我国各种政策、制度将他们限制住，让他们想去帮助更多的人却不能去做。我们应该学习西方国家的医师自由执业，放开医师多点执业的限制，取消不能跨省、自治区、直辖市多点执业，对到基层、边远地区多点执业的医师给予经济补助和适当鼓励，引导更多优秀医务人员前往基层、边远地区、医疗资源稀缺地区和其他有需求的医疗机构进行多点执业，这样既有利于病人，更有利于专家培养出当地的医务人员，使先进的技术本地化后可以解决更多疾病问题，最大限度地发挥医生的能量，让他们的医疗技术辐射更多患者。

二、应加快落实医师"多点执业"的相关政策，进一步完善有关细则

《关于推进和规范医师多点执业的若干意见》最终在老百姓的期盼中公布了，但是我们又可以看到，当下关于医师"多点执业"的争论和障碍是多么大。因为政策里对于一些问题并没有明确的引导，导致很多符合条件的医师没法顺利进行多点执业。我国政府应该针对医师"多点执业"政策，出台更富操作性、针对性，更为明确、具体的细则，方能保障医院、医师和患者三方的利益。细则出台才能落实，没有细则就很难落地。另外还要加强卫生行政部门对

多点执业的监管，这样才能使医师多点执业工作顺利进行。

目前我国医疗资源紧缺，在西部偏远地区就更为明显，我们医疗队到新疆就发现，某个县竟没有一个像样的眼科医生，一个患者因为风沙大，眼睛里进入一粒沙子，但医生不会处理而引起感染导致失明。这也是老百姓都喜欢涌进大医院，导致大医院人满为患的原因。由于病人太多，医生看病几分钟一个，靠检测报告判定病情、配药，医疗质量和服务都不尽如人意，导致医患关系紧张。

只有加快落实医师多点执业的相关政策、放开医师多点执业的限制，著名医疗专家、临床经验丰富的医师才可到基层医院、边远地区、医疗资源稀缺地区和其他有需求的医疗机构进行多点执业，不仅让老百姓就近得到高质量的诊疗，医患关系也能得到提升，又能让医师实现自我价值，得到社会认可，更有利于解决我国老百姓看病难、看病贵的现象；基层医院、边远地区还可以借助优秀医师多点执业的契机，提高技术水平；也会使医药逐步分家，实现医院、医师、老百姓三方共赢，最终使我国医疗资源得到最大化的合理发展和应用。

决胜扶贫攻坚战，需激活、发扬"脱贫精神"[①]

新中国成立之后，特别是改革开放 40 年来，中国开启人类历史上最为波澜壮阔的减贫进程，实现了 7 亿多贫困人口摆脱绝对贫困，创造了人类减贫史上的奇迹。2015 年 11 月底，习近平总书记部署展开"脱贫攻坚战"，"确保到 2020 年所有贫困地区和贫困人口一道迈入全面小康社会"；2017 年 10 月中共十九大决定，"确保到二〇二〇年我国现行标准下农村贫困人口实现脱贫，贫困县全部摘帽，解决区域性整体贫困，做到脱真贫、真脱贫"。

2018 年 10 月下旬联合国秘书长古特雷斯及有关机构负责人指出，中国提前 10 年完成联合国 2030 年消除绝对贫困的减贫目标，不但以自身的成功为全球减贫事业做出贡献，而且对内实行"精准扶贫"、推动社会发展红利惠及每个人、科技走进农村等政策，为世界减贫事业贡献了"中国智慧""中国方案"。成功的实践，积累起丰富的脱贫经验，需要我们及时总结，更好促进脱贫事业。

基于此，我于 2018 年 10 月在安徽金寨县，进行了实地调查研究，对因病致穷的绝对贫困户郭某家，进行了跟踪走访和深入调研：这一家妻子因对前途绝望出走，户主郭某独自带着患严重肾衰兼智障的大儿子、年迈兼智障的母亲，还有年幼的二儿子，一个原本正常的家庭由于儿子的重病被瓦解了。这是一个很典型的因病返贫的个案，而且这也不是一般人能够面对的困境。几天的时间里，我和村医、县医院的院长、省医院的专家进行了交流，和郭某进行了长时间的对话。由于各方的重视，专家会诊后，对大儿子重新制订了不使用激素的治疗方案，让郭某全家重新燃起了希望。

---

① 此文为作者于 2019 年向全国政协大会提交的提案，原题为《决胜扶贫攻坚战，需激活、发扬"脱贫精神"的提案》。

因病返贫是一件很严酷的事，但是我在郭某的身上看到了一种精神。每天担负一家老小的生活，田间地里，还要频繁地奔波在带小孩看病的途中……但他没有被压垮，而是在艰难的生活面前，坚定地对我说，"只要过了这个难关"……他相信自己有能力，相信自己不会比别人差。干什么都行，再苦再累也不愿意麻烦政府、连累乡亲。

这种精神让我十分敬佩！也坚定相信脱贫攻坚战一定会打赢！和香港不少老人家宁肯三更半夜收纸皮也不愿领"综援金"一样，这是一种自强自立的精神。我们要提倡这种精神，要有这样的精神榜样，所以我建议，扶贫的同时，调动和发扬在脱贫事业中体现出的"脱贫精神"。

我认为，"脱贫精神"是习近平新时代中国特色社会主义思想"四个全面"的有机组成部分，是"小康不小康，关键看老乡"的关注重点之一。它是中华文化"天行健，君子以自强不息"、毛泽东"自力更生，艰苦奋斗"等思想在新时代的自然延伸。消除贫困、改善民生，在这一伟大实践的过程中，发扬和激活脱贫主体即贫困人口的精神力量，是赢取扶贫攻坚战全面胜利的重要因素。

在向参与扶贫攻坚做贡献的人士致敬的同时，建议以各种不同的形式向自强不息的具有脱贫精神的典型代表致敬，形成双向合力。在这一方面，主流媒体应发挥引领宣传的作用。

发展慈善文化，推进慈善事业 ①

（一）把慈善文化纳入"社会主义核心价值体系"

中共十八大报告提出，"必须推动社会主义文化大发展大繁荣"，"发挥文化引领风尚、教育人民、服务社会、推动发展的作用"；"加强社会主义核心价值体系建设"，"要坚持依法治国和以德治国相结合，加强社会公德、职业道德、家庭美德、个人品德教育，弘扬中华传统美德，弘扬时代新风"。就我长期以来对慈善文化从具体实践到理论研究的经验看，这一系列论述，是符合人类文明发展规律的，从更高层次指出了推动各项文化事业发展的正确方向。为此我谨提议，把慈善文化纳入"社会主义核心价值体系"系统之中，并通过加强慈善文化研究、舆论宣传和学校普及教育、企业文化提倡，以及完善政府立法、税务优惠措施等，使慈善文化重新成为全民族的基本修养，让"天下兴亡，匹夫有责；同胞疾苦，常系我心"成为更多人的追求。

（二）慈善事业是现代社会的重要支柱

对香港社会素有研究的专家学者普遍认为，香港是中西文化融合最成功的地方，香港社会发展的不少经验值得内地借鉴。根据香港经验，慈善机构已成为继特区政府、市场以外，第三股维持社会安定繁荣的力量。我们内地大多数事情实行"政府包办"，老百姓什么事情都找政府，有意见也都发泄到政府身上。其实慈善是现代文明社会的应有之义。随着经济发展、社会壮大，政府承担不了那么多角色，也无必要把什么事都揽上身；扶危济困、帮助弱势群体，很多时候应该成为慈善团体的责任，企业家、有能力的人群等应该支撑起一个社会的慈善体系，而不是站在道德制高点去指责别人或政府。

---

① 此文为作者于 2013 年向全国政协大会提交的提案，原题为《关于推进慈善文化发展的提案》。

（三）社会价值观转型是当务之急

改革开放30多年，经济建设高速发展，形成了精神文明建设严重滞后的反差，这是社会发展极大的隐患。按理，不少人已经度过资本原始积累阶段，但一些官员的贪污腐败、一些企业家见利忘义、一些"富二代"富而无礼等，都在提示我们在国内经济建设已步入发展方式转型期的时候，也急需社会价值观转型与之配套，以保证转型顺利进行。在现代文明国家，不少企业家把财产的大部分甚至全部身家奉献社会；在香港，也有不少企业家长期捐助本港、内地和华人社会教育、慈善和公益事业，由为己，到为大家，到为社会，到为全人类，是企业家、成功人士人生境界的升华，是价值观的进步。遗憾的是，这样的升华在我们有着五千年悠久灿烂文化的祖国内地还没有蔚然成风。提倡慈善文化，对于抵御拜金主义、骄奢淫逸之风，建设现代文明社会极有现实意义。

（四）财富不是慈善事业的主要支柱

香港历史最悠久的慈善机构"东华三院"是在香港开埠不久的1870年创立的，那时即使富裕的华人，大部分也没有我们现在中产以上的人群富裕。为了满足大量海外苦工落叶归根的遗愿，当地的广东华人从迎回第一具远渡归还的同胞遗体开始，140年来即几代人千百万人有钱的出钱、有力的出力，到今天，东华三院已成为香港大众依靠的重要机构之一，这是中国慈善文化最成功的案例之一。

慈善不是"洋玩意儿"，中国传统慈善文化源远流长。《孟子》"出入相友，守望相助，疾病相扶持"，说的是民间；汉初东平王"为善最乐"说的是上流社会。扶危济困是中国传统美德。慈善既不是富人的专利，也不是穷人的无奈。慈善是人人具备的一种精神。

所以慈善事业不能行政主导、开展运动。香港的慈善机构（如东华医院）从开始起至今，通常是民间发起、舆论关注、政府批准、各界参与的模式，也就是出于民间自发、民众自愿，加之舆论宣导，成于政府规管。行政主导、运动式的慈善不能反映民众的真情实意，是不可持续的。

（五）借鉴和引进香港管理经验

由于内地当代慈善事业起步较晚，近年来有的慈善机构发生一些丑闻。这与我们缺乏成熟的管理经验分不开。我曾经参与管理过的香港东华三院，一直由一大批志士仁人、仁翁善长轮流执掌，香港有不少富于爱心、甘愿奉献又有管理经验的人，愿意贡献国家。建议参照中国证监会当年引入史美伦、梁定邦等香港金融界专业人士模式，通过引入香港富于慈善从业经验的志愿人士在国家有关管理机构任职，借鉴和引入香港有关管理经验，建立起符合中国国情、与港澳台和国际接轨的慈善事业管理运行机制，尽快建立和完善起中国慈善事业体系。这对于构建和谐社会和现代社会管理制度，极具现实意义和历史意义。

完善民企党建工作，用党的理想提升企业文化 ①

中国共产党基层组织建设并发挥作用，在民营企业以及外企、中外合营等企业里，一直是个弱项。本人根据我们"光彩明天"北京儿童眼科医院（以下简称"儿童眼科医院"）基层党组织建设和发挥作用方面的探索，提出完善民企党建工作的建议，供有关方面参考。

（一）党建工作符合宪法规定，应理直气壮地在民企里开展

宪法序言明确指出："中国各族人民将继续在中国共产党领导下……把我国建设成为高度文明、高度民主的社会主义国家。"根据党章第二十九条，企业凡是有正式党员三人以上的，都应当成立党的基层组织，并经上级党组织批准，设立基层党委及支部。要使民企乃至外企明白，在自己企业里开展党建工作，合宪合法，是正常工作的一部分。

（二）成功的党建与企业效益成正比

党章总纲规定：党的领导主要是政治、思想和组织的领导。民企党建应该严守分际，尊重和帮助企业所有者经营活动，促进企业发展。事实证明，民营企业成功的党建与企业效益成正比。

儿童眼科医院现有党员 15 名，2010 年起设立党支部，归口海淀区公共委党委领导。多年来医院狠抓党建工作，发展新党员 6 名。与此同时，儿童眼科医院 15 年来规模、效益，都获得巨大发展。北京总院从 2002 年的医护人员15 名，发展到 2016 年的 54 名；年接诊病患，由 2003 年的 5000 名，发展到2016 年的 15000 名。院长（也是总支部书记）李志升近年获得四项发明专利："自动变频激光弱视治疗仪"、"养目品"、"舒缓视觉疲劳仪器"（EYE·SPA）、

---

① 此文为作者于 2016 年向全国政协大会提交的提案，原题为《关于完善民企党建工作的提案》。

"儿童验光自动配镜系统"。近年来在乌鲁木齐、西宁、武汉、广州、济南、沈阳、成都等地，共开设了7家分院。一如总院，只要达到党章规定的党员人数，就成立支部，开展工作。

（三）党的理想应成为"企业文化"有机组成部分

实践中，我们感触最深的是，中共的宗旨与眼科医院的追求高度一致。因为党组织的思想政治工作，院内员工形成政治思想觉悟高，追求进步、竞相比拼为病患服务的优良风气，避免了一般民企、外企员工不求上进、利字当头等消极作风。与此相应，我们的党组织也开展先进党员评比"争先创优"等活动，实行精神和物质的奖励。我们除了正常经营，每年都免费义务接诊贫困地区病患儿童若干名，在香港等市场经济社会环境里，这是"慈善事业"；在共产党理念里，这是全心全意为人民服务、毫不利己专门利人。在这些工作中，全院医护人员特别是共产党员都是争先恐后地做。党的理想、共产党员的追求，成为企业文化的有机组成部分；或者说，共产主义的崇高理想，升华了企业文化的境界。

实践证明，党建与民企发展相辅相成、相互促进，应在民企中发展和完善党建工作。

设立中央政府香港扶贫基金，推进香港扶贫工作①

习近平总书记在中共十九大报告中指出，香港工作基本方针是，"严格依照宪法和基本法办事，完善与基本法实施相关的制度和机制"；要支持特别行政区政府和行政长官，团结带领香港、澳门各界人士完成具体任务，包括"保障和改善民生"。根据这一精神，我们建议在中国扶贫基金会、扶贫开发协会等社会团体里，设立国家级的香港扶贫基金，根据报告提出的内地在 2020 年打赢"脱贫攻坚战"的部署，在"依照宪法和基本法办事"原则下，对香港特区的扶贫工作做出适当支持，既是贯彻落实"完善与基本法实施相关的制度和机制"的具体行动，也让香港底层市民分享"一国两制"和祖国发展的成果，展现中央政府和内地民众对香港同胞的情意。

（一）香港处于绝对贫穷的人口，即使在内地一二线城市也属罕见

香港采用的是相对贫困概念，即以每月住户收入中位数的 50% 为贫困线。近年来特区政府在扶贫安老助弱方面取得很大成绩，贫穷人口降至 100 万人之下，但也有 97 万人之多，尤其是作为城市人口，比较内地一线城市，绝对贫穷现象还是很严重。例如香港社区组织协会统计，目前香港有 10 万人住在"笼屋"里。这种"笼屋"在不到 100 平方米的面积里，分隔出十几个卡位，每个卡位分为上下两层，只能坐着，无法站立，三九严寒，三夏酷热，环境脏乱差，触目惊心。即使这样，大部分笼屋居住者也需要靠综援才能住得上。还有人住在新界、离岛等地山坡上的铁皮屋里，有的甚至住在高架路下。即使从人道关怀角度，也应该伸出援手。我们有必要针对类似情形展开"精准扶贫"。

---

① 此文为作者于 2018 年向全国政协大会提交的提案，原题为《关于设立中央政府香港扶贫基金的提案》。

（二）基本法允许内地社会福利团体在香港进行活动

香港基本法第一百四十八条规定："香港特别行政区的教育、科学、技术、文化、艺术、体育、专业、医疗卫生、劳工、社会福利、社会工作等方面的民间团体和宗教组织同内地相应的团体和组织的关系，应以互不隶属、互不干涉和互相尊重的原则为基础。"这说明基本法原则上允许内地社会福利团体在香港进行活动。

（三）国家扶贫基金会、扶贫开发协会可在港展开活动

中国扶贫基金会，是在民政部注册、由国务院扶贫办主管的全国性扶贫公益组织，是中国扶贫公益领域规模大、具有一定影响力的公益组织之一；中国扶贫开发协会，是由支持扶贫开发事业的企业、社会团体、事业单位等机构和人士自愿组成的全国性非营利社会组织。这两个全国性社会组织符合在港开展工作的规定。

（四）在以上两会开设香港扶贫专项基金

建议商请两会开设香港专项基金，由国家扶贫拨款、内地热心香港扶贫人士赞助、香港各界热心慈善人士赞助等，一起出资出力，迈出中央政府支持、两地民间合作，共助香港扶贫第一步。

（五）落实中央政府"全面管治"

多年来特区政府一直大力推动香港扶贫工作，香港为数众多的慈善组织也为此付出很多。但囿于香港当地法律限制，特别是利益集团阻挠、反对派掣肘，香港绝对贫困现象这一顽疾始终未能彻底解决。这个问题实际上是给"一国两制"事业抹黑，为特区政府甚至中央政府添堵。特设这项国家级扶贫基金，金额未必多大，重要的是帮扶到最痛苦的人口，让他们感受到国家的关怀。中央政府对香港的"全面管治"是实实在在的！

更好发挥在港中企的社会作用 ①

（一）中资企业在港举足轻重

按香港"中国企业协会"统计，截至 2017 年 7 月 1 日回归 20 周年前夕，香港中资企业已经超过 4000 家，较 1997 年的 1800 家增加一倍多，总资产跃升 11 倍至 27 万亿港元，其中总资产超过千亿港元的公司，由回归前中银香港 1 家，发展为 42 家。在当地雇员达 7 万人以上，虽然只占香港劳动人口的 2%，但对香港经济的贡献却远超此比例。以回归 20 周年近五年中海集团为例，每年在港业务创造的经济产值达 200 亿—300 亿港元，超过香港 GDP 的 1%，2016 年在港业务营业额达 276 亿港元，每年为香港社会创造劳动岗位 2 万个，业务高峰期可以创造工作岗位 3 万多个，占香港总就业人口的近 1%。

从香港金融市场看，截至 2017 年 3 月，在港上市的中资企业由回归前的 71 家猛增至 1013 家，占全港上市公司总数的 50.4%，占港股总市值的比重由 8.5% 提升至 63.7%，达 2 万亿美元。中资股占恒生指数 50 只成分股的席位，也由回归前的 2 席增至 26 席。业界公认：中资企业早已不只是香港资本市场平台的参与者，而且是投资者、成分者（成分股）；更重要的，是"持份者"。

从以上两方面都可以看出，中资企业在香港社会已经处于举足轻重的地位。

---

① 此文为作者于 2018 年向全国政协大会提交的提案，原题为《关于更好发挥在港中企社会作用的提案》。

（二）发挥适应自身地位的社会影响力

经济基础决定上层建筑包括意识形态各个领域，这是古今中外概莫能外的历史规律。回归之前和之后相当长时期，香港是英资、美资天下，英资、美资企业在香港社会有广泛影响，在这些机构就业令人羡慕。如今在香港社会，已处举足轻重地位的中资企业，应该意识到自己对香港社会的影响力，有意识地塑造这种影响力，进而在影响香港政治和社会等方面发挥积极作用。

（三）加强在港中企"一国两制"条件下企管能力建设

但实事求是地说，过往发生的不少情况，与此相反。比如数年前某中企高管纵容子女炒外汇造成重大损失；部分中企一度存在的高管层贪污腐败，大肆发放奖金、"花红"之类问题。有鉴于此，建议中央政府及有关部委，切实贯彻落实习近平新时代中国特色社会主义思想和中共十九大"坚定不移全面从严治党"战略部署，在香港中资企业里，"持之以恒整风肃纪"，增强"一国两制"条件下的企业管理能力。

（四）把在港中企影响力建设纳入正常工作

中企整风肃纪，不但不应该阻碍其发挥社会影响力，而且应该促进其发挥引领作用。建议中联办经济部、香港中企协等机构，把中资企业在香港经济转型和社会发展方面应负责任、应起作用，作为专门研究课题。既遵循"在商言商"的市场规律，在"国家所需，香港所长"中找准交汇点，又要从"一国两制"的战略高度要求自己，以商促政，以商促社，影响和引领香港社会的发展方向。我们认为，起码可以在如下方面发挥作用。

第一，"共和国长子"的担当精神。2008年国际金融危机期间，香港很多外企撤资裁员，在港中企作出"不裁员、不减薪"的承诺；外资缩减在港投资，而中资企业扩大投资。如今，在港中企要继续更好地发挥中流砥柱作用。

第二，在香港经济转型过程中发挥引领作用。香港本土企业一向盯着服务业、房地产，"揾快钱"，不喜欢创新科技等战略产业。在尊重市场规律的同时，中企不妨利用香港生物科技等方面人才优势、前海港深合作区制度优势，在创新科技方面有所突破。

第三，积极参与大湾区建设，在实现国家发展战略同时做大做强自己。

第四，积极参与和引领香港参与到"一带一路"建设中。

以上做法的结果，一是把香港社会精英凝聚在中企里。中企从业者虽然只占香港劳动人口的 2%，但对香港经济的贡献远超此比例，说明其为高增值产业，其员工是高端劳动力。这在很大程度上代表了香港经济发展的方向。二是劳动密集型中企，创造更多就业岗位，并优先考虑爱国爱港的市民。

大湾区机遇：香港青年发展创业的大时代 ①

党中央、国务院发布了《粤港澳大湾区发展规划纲要》，内容包括紧密合作、共同参与"一带一路"建设等，以香港、澳门、广州、深圳四大中心城市作为区域发展的核心引擎，巩固和提升香港国际金融、航运、贸易中心和国际航空枢纽地位，大力发展创新和科技事业，到 2035 年，大湾区形成以创新为主要支撑的经济体系和发展模式等，香港和大湾区将发生改天换地的变化。

有鉴于此，党的十九大之后，我们认为，有必要加强宣传力度：新时代·大湾区。针对性地深入本港产业、金融、中青年、学校等一些界别，就国家发展战略与香港前途、青年未来，进行实打实的宣介，以期改善以下状态。

（一）香港有"物是人非"之隐忧

香港回归祖国后实行"一国两制""港人治港"，原有资本主义制度、原有法律、原有生活方式等五十年不变。中央政府的这些承诺是真心实意的，可说举世公认。但是，随着世代交替，香港人口成分已经悄然发生变化，并将持续这种趋势。不便宣之于口却又不容忽视的事实是，比较已经和正在退出历史舞台的前一两代，新进中青年世代的价值观念明显不同，国家可以保证香港制度等硬环境不变，却没法保证市民质素等软环境不变。前一两代大多是 20 世纪三四十年代躲避内地战乱来港，可说是集结了全国各行各业精英。他们既有家国情怀，又有国际视野，既有智慧灵感，又吃苦耐劳；新一代各方面显然逊色得多。大家常常感叹，香港缺乏政治人才，其实经济、科学、文化等方面土生土长的人才也不多。习近平主席在十九大报告及其他讲话中多次指出：要"确保'一国两制'实践不变形、不走样"，实际上一针见血地指出了这种隐忧。

---

① 此文为作者于 2019 年 2 月向全国政协大会提交的提案。

（二）不少港人对新时代、大湾区无动于衷

中国已经进入全面建成小康社会、全面深化改革的中国特色社会主义新时代，已经开始了新一轮改革开放和大发展。党的十八大以来，中央支持香港发展在原有CAPA等政策基础上，已经发展至全方位的两地合作。从创建深圳"前海自贸区"，鼓励港人特别是青年人到此创业，到发动中科院等支持香港发展国际创新科技中心；从建成港珠澳大桥，到促成九广高铁连通内地高铁网；从粤港合作，到"大湾区规划"，等等。"要支持香港、澳门融入国家发展大局，以粤港澳大湾区建设、粤港澳合作、泛珠三角区域合作等为重点，全面推进内地同香港、澳门互利合作，制定完善便利香港、澳门居民在内地发展的政策措施"，已经明确写入十九大报告。但在平常接触中我常常发现，不少港人包括青少年，对此不甚了了、无动于衷，有的甚至眼界卑微、胸襟狭隘得让人难以想象。

（三）香港不能缺位、掉队

改革开放40年来，中国经济社会全面腾飞，积极参与内地经济建设，依托国家大发展，香港一代企业家成功崛起，诞生了两位数的百亿富翁。这些香港的"威水史"已成过往。国家改革开放再出发，经济长期保持中高速，产业正由中低端迈向中高端。港珠澳大桥和香港内地高铁开通，给香港青年插上金翅膀，深圳前海自贸区、粤港澳大湾区一体化、《内地与香港关于加强创新科技合作的安排》，一幅幅发展蓝图在南海之滨展开。《粤港澳大湾区发展规划纲要》实施，将巩固和提升香港国际金融、航运、贸易中心和国际航空枢纽地位，强化全球离岸人民币业务枢纽地位、国际资产管理中心及风险管理中心功能，推动金融、商贸、物流、专业服务等向高端高增值方向发展，大力发展创新及科技事业，培育新兴产业，建设亚太地区国际法律及争议解决服务中心，打造更具竞争力的国际大都会。港人特别是年青一代刻不容缓，必须搭上国家新一轮经济发展顺风车。

（四）有必要系统组办宣讲

分别到本港产业、金融、中青年、学校等一些界别，就国家发展战略与香港前途、青年未来，进行实打实的宣介。建议：

1. 宣讲人员构成：拟邀请港澳问题特别是大湾区研究专家一位，做主题演讲；对两地经济包括大湾区研究有素的香港经济学家例如雷鼎鸣或李稻葵，

从两地经济发展的角度演讲；参与国家发展的成名香港企业家、参与新一轮大发展初战告捷的中青年人士，分享成功经验。

2. 宣讲的目的：一是通过宣介国家政策与香港机遇，力争激发业界特别是中青年发展灵感；二是增加危机意识，发现不足，奋起直追；三是重新唤起大家聚精会神谋发展，客观上也压缩"港独"等反对势力的空间。

这是为各界市民做实事、做好事。望能与相关部门一起制定完善实施办法。

实施"大湾区规划"，促使香港传媒之爱国爱港转变[①]

虽然香港回归祖国已经二十多年，但香港传媒生态始终未发生根本性变化：爱国爱港媒体市场占有率及实际影响力不足三分之一，包括行业报刊等在内的中间媒体约占三分之一，以《苹果日报》《壹周刊》以及香港大学学生刊物《学苑》为代表的反动媒体占三分之一，而且气焰嚣张，破坏力极强。例如《学苑》传播"港独"反动立场，面对正义市民的批评，态度极其恶劣，怙恶不悛。多年来，爱国爱港媒体、爱国爱港力量付出极大努力，但尚未改变上述力量对比。传媒，是港内外、境内外反中、反华势力固守的最后阵地之一。单靠本港爱国爱港力量孤军奋战，将会是一场旷日持久的争夺战。

我们建议：结合《粤港澳大湾区发展规划纲要》实施，大湾区传媒市场融合、利用广播电视节目及报刊落地大湾区市场许可这一杠杆，实行香港好的放进、内地优的放入，一方面引导香港新闻界向爱国爱港方向转变，另一方面改变本港市场力量对比；更重要的是，丰富香港市民文化生活——香港广播电视台的内容越来越贫乏、形式越来越落后——并确保香港国际信息中心地位。

（一）适当开放香港的广播电视和报刊台落地大湾区市场。以正面清单制为主，最基本的应包括：

1. 客观公正报道香港、大湾区融合发展、内地经济建设和社会发展。

2. 不抹黑香港特区政府和内地地方政府。

3. 支持中央政府对港实行全面管治，反对"港独"，维护国家统一。

（二）中央电视台及大湾区部分电视节目择优落地香港。

---

① 此文为作者于 2019 年 3 月向全国政协大会提交的提案，原题为《关于以实施"大湾区规划"促港传媒向爱国爱港转变的提案》。

1. 根据"一国"原则，结合大湾区传媒融合之机，香港必须无条件地落实央视一套综合台、四套国际台落地香港。

2. 与开放香港合规电视节目、报刊进入大湾区对等，逐步开放央视及大湾区文艺类、财经类频道进入香港，回应香港市民的期待。

让湖南早日繁荣昌盛 ①

　　在 1996 年湖南省政协七届四次会议期间，我曾就湖南对外开放和香港回归等问题谈过一些个人的想法。当时间的脚步迈向 1997 年，举国上下迎接香港回归的重要时刻，我作为一个香港人、半个湖南人，内心怀有更加浓享的情感、更加热切的企盼。每天，当我面对窗外香港繁荣美丽的景色，都会油然升腾起一种为国为湘多效力的使命感。所以，今天站在这个讲坛上，我还想就当前湖南在香港开展招商引资谈一些真实的情况，提出一些建议，供政府参考。

　　不管您相信不相信，十年前的香港有一个现象是千真万确的。那时，有许多香港人不知道中国除了北京、上海、广州之外，还有什么地方。所有不说广东话的人，都被叫作北方人。整个中国都被叫作"乡下"，见了从内地来的新朋友就会问一句，"您乡下是哪里？"这些香港人并不是没有见过世面，他们可以清楚地向您介绍美国、加拿大、东欧、西欧的名胜古迹、风土人情。为什么会这样？因为"乡下"太穷了、太远了，因为隔了一两代人，他们对祖国的了解太少，感觉太陌生、太淡漠。

　　香港属于中国，可是当九七回归正式摆到桌面上之后，香港人的心理大多经历了一连串戏剧性的变化。就像一个久别母亲的孩子，要回到亲生父母身边时，有一种因陌生而感到的无所适从。然而，毕竟血浓于水，许多香港人，开始由衷地关注内地的经济建设和国情。他们重新观察、重新评价身边的国事，他们重新审视自己所处的环境，开始思考以前不曾思考过的前途、命运问题。总之，他们的眼光、他们的视角、他们的头脑都在变化。这种改变，给我们带来了一个契机，那就是：抓住香港人，甚至是全世界的人对内地前所未有的关

---

　　①　原载于《湖南日报》1997 年 2 月 22 日。

注，推出湖南，以事半功倍地达到我们的目的。

如何抓住这个契机呢？我想谈些看法。

改革开放十余年来，各省、各地都在香港举行过大大小小、各式各样的交易会、招商会，而且招商的政策和各种口号越提越多、越提越高。但仔细研究，这些招商的内容和手段十分雷同。听多了、见多了，反倒令人无从选择。以致不少招商会业绩平平，未达到预期目的。

鉴于此，我建议，是否可以考虑以省为单位，集中财力、物力，充分利用大众传播媒体，在相对集中的时间和空间内加大宣传力度，以制造一种"轰动"效应，使湖南在港的招商引资工作在全国众多省份的同类工作中脱颖而出。

例如，在香港可否开展一些宣传活动，让电视台做做有关湖南的有奖问答游戏，拍摄并推出张家界风景的电视专集、湖南历代爱国名人的介绍专集、湖南省情专集，以及通过报刊推出一些对外重点宣传的内容。

这里，我想强调的是：湖南应全面分析自己的优势，确确实实找到一个突破口。这个突破口应该是用最具吸引力的形式，反映最能代表湖南省情、最容易让大多数人关注、最有分量的内容。打个比方，就是用最自然的声音，唱大家都爱听的歌，千万要避免口号式的生硬的政治图解。再具体些，你说湖南一千个好，不如将张家界景致的美不胜收、楚湘文化的历史悠久、三湘四水的人杰地灵展现给港人，让人家实实在在地感觉到湖南是个投资的好地方。

如果我们拍摄的张家界专集片，在香港的黄金时段播出，再组织"张家界特价旅游团"，邀请有影响的香港名人到张家界来，让张家界成为香港及东南亚的旅游热线，让更多的人通过了解张家界了解湖南、记住湖南，使"湖南"二字在耳边响起来，在脑子里热起来，他们就会向往湖南，很多的人就会到湖南来。来的人多了，地方旺了，经济就会发展起来。经济发展了，人们的消费水平高了，交通方便了，又会使港人对湖南的投资优势看得更清楚，信心更足。

还有，我们能否以湖南在港企业和机构如"三湘公司""湖南联谊会"等单位为桥梁和纽带，经常组织一些由省长或高级政府官员出面，与香港各界有影响的团体、商会等组织对应的联谊活动，听取他们对湖南发展的建议和意见。并邀请一些知名的各界人士组团到湖南考察、交流，以加强与香港投资商的情感交流和信息沟通。

以上谈的是湖南对香港的一面，另一面是湖南内部的教育工作，就是如何使"人人都成为良好的投资环境"的教育，也事关招商引资之成败。

中国有句名言，叫作"里应外合"。如果外面下了很大的功夫，而内部不做良性的配合，也仍然不会带来成功。

对于外地人来讲，每一个湖南人都是湖南的形象，所以要树立湖南的形象与每一个湖南人的形象都息息相关的观念。要让每一个来湖南的投资商都能从不同的角度，从湖南人的态度、礼节、观念和工作效率上感受到湖南的魅力，回味湖南的美好。

我到湖南投资已经五年。五年来，我深切地感受到中央和省市招商引资的政策是无懈可击的。但引进资金后的大量工作还需要贯注大量的精力，还需要各个政府职能部门在具体工作中进一步贯彻好这些政策和有关精神。同时，全体湖南民众也应增强"吸引外商，留住外商"的意识和观念。我听说过这样一件事：在大连，有几个香港客商去和某一政府单位谈有关项目，对方没按约定时间到机场接机，几个客人只好搭乘一辆的士前往该单位。一路上，司机从几位客人的议论中得知了这个情况，说："你们别着急，来到大连，你们便是所有大连人的朋友，我代表他们来接你们。"到达目的地后，司机说什么也不收一分钱，把车开走了。这是大连人留下的一段佳话。在湖南，我们也要倡导和树立这样的公民意识，使"人人都是投资环境"成为事实，蔚为风气。

我是香港青年联合会的会员，今年1月13日上午，香港行政首长董建华与香港青年团体代表一起开了一个研讨会，研讨的主题是"香港青年之去向"。会上，不少有识之士提到，由于受殖民地文化的影响，香港青年对政治漠不关心，精神空虚，功利心太强，呼吁要改革香港教育，挽救一代青年。当时我联想到内地青年的教育问题。我想，能否在内地的学校，正式设立有关企业管理的现代全新理念的教育课程，使青少年在适应市场经济社会的发展中成为一代新人。具体说，就是打破吃"大锅饭"的观念，应从还没吃"大锅饭"开始。学校要教人生存的本领，首先要让青少年树立能够适应中国市场经济的价值观，否则，是无法适应外资企业的全新管理的。

我在湖南的企业提供了1000多个就业岗位。在用人方面，我们投入了大量的财力和精力来培训和提高人的素质，尤其是转变人生的观念。但仍有一些最基本的怎样在社会上做人的问题都没有解决。这也是我们港人投资过程中面临的人文环境的问题。

对于我来说，事业是我生命的一部分，我的一部分事业在湖南，我的一部分生命也在湖南。我热爱我的事业，我也热爱湖南，我相信许多人会对此产生共鸣。特别是那些和我一样到湖南来投资的"外地人"，这种真挚的情感本身就是一种资源。据我所知，现在来湖南投资的外商已达几千家之多。这些人在国外、境外，都有各自或大或小的金字塔式的关系网。自从我来湖南投资后，我所有的朋友几乎都知道了湖南，知道了株洲。在香港，我至少向几千人介绍了湖南，介绍了株洲，而这种介绍，往往带有相当浓的感情色彩，是一种情不自禁的赞美。如果来湖南投资的每个人都能够带着深情的赞美在境外谈湖南，并发挥境外人际关系金字塔效应，那将是怎样一种招商的吸引力啊！

所以，对于已招商进来的外商，能否让他们心情舒畅、安心创业、安心发展，并以他们在内地的业绩更多地吸引外资，还需要做长期的、细致的工作。内地有做人的思想工作的良好传统。而当一个外来投资者在投资过程中陷于困境时，也最需要政府有人出来关心，做做"思想工作"。试想，当一个外地人来到这里人生地不熟，投入一大笔资金和精力后，遇到困难、遇到风险却又无人关心时，能不变得惶恐、变得焦虑而暴躁？而且很可能导致招商的失败。其实，与其招进几个半途而废的企业，不如爱护培养一个成功的企业。投资者心情舒畅了，就会安心在湖南办事业，就会在境外盛赞湖南。后面来投资的人，总要看看先去投资的人——用事实说话，总是胜过一切口号。所以衷心地建议政府各个具体操作部门，共同做好投资外商的安抚工作，使湖南招商工作形成"引进一个，带来一片"的良性循环。

换个角度说，在湖南投资办企业的外商已和湖南结成了共同的利害关系，他们自然十分关心湖南。内地遭水灾，我最关心的就是湖南的灾情，我倾情相助的，就是湖南的父老乡亲。我们在香港的湖南政协委员，对此是感同身受的。有了这样的基础，还有什么不能沟通、不能谅解的呢？

作为湖南的政协委员，面对1997年这个历史重大时刻，我们内心涌动着庄严的使命感。保持香港繁荣、安定、平稳过渡，应该是我们每个港人的目标。所以，我比以前更多地参加各种社会活动、各种研讨会。其实在我们周围，已经有越来越多的具有这种使命感的关心香港的人士。但我们仍然有许多工作要做。我们还要大力宣传基本法。举个小例，有人曾问我6月30日之后是不是要用人民币，这就可以看出，还有许多人对"一国两制"的概念很不清楚。

　　再者，我们还要配合湖南的发展，一如既往地做力所能及的工作，利用我们的有利条件，向海外、向社会各界宣传湖南、介绍湖南。湖南作为我们的第二故乡，虽然她仍有很多不尽如人意的地方，但中国人"儿不嫌娘丑"的深情，使我们不会只对她评头品足，而是想在她变化的过程中，极尽所能地为她多做一些有益的事，所以，我一直致力于搞好我在株洲的企业，让我的成功去说话，让投资之后的业绩告诉海内外的朋友：在湖南是可以大有作为的！

实施"文化强省"战略，湖南责无旁贷 ①

中共十七届六中全会为我们描绘了建设文化强国的宏伟蓝图。湖南一定要紧紧抓住机遇，充分发挥自身优势，切实加快文化强省建设步伐，努力在实现文化繁荣发展方面走在全国前列。

一、建设"文化强国"，湖南承担着历史使命

一说起美、英、法、德等西方大国，人们头脑里马上会有一个形象标志，如美国"就事论事"的思维方式、高度现代化、华尔街、好莱坞、麦当劳；有板有眼的英国绅士风度、影响世界的工业革命；法国浪漫的香榭丽舍大道、时装 T 台、香水；严谨的德国人创造的重工业、奔驰汽车；等等。而近代中国给世界留下的印象是，"东亚病夫"、女人裹足、男人缠辫子、战乱，再后来是价格低廉的 made in China 和世界工厂。

文化强国，湖南有责。文化强省是民族赋予湖南的使命，这种承担是湖湘文化的特殊性决定的。刚刚谈到半封建半殖民地的近代中国，是中国人最不开心的日子。但恰恰在这个时代，我们湖南人才辈出，"惟楚有材、于斯为盛"，三湘人物在风雨飘摇的百多年里承担了力挽狂澜、中流砥柱的作用，从太平天国时期的曾国藩、左宗棠，到戊戌变法的谭嗣同、启蒙思想的魏源，从再造民国的蔡锷、国民政府主席谭延闿，到以易培基、徐特立、杨昌济、周谷城为代表的一代民主教育家，从新中国缔造者毛泽东，到新中国领导人刘少奇、胡耀邦等。中国文化在近代最衰落的时候，也正是湖湘文化大放异彩的时候，学者们将其归纳为"淳朴重义""勇敢尚武""经世致用""自强不息"。这是湖南拥

---

① 此文为冯丹藜代表湖南省政协的港澳委员在 2012 年 1 月湖南省政协大会上的发言。

有的重要文化财富，也是建设"文化强国"湖南独有的话语权。

三国政治家曹丕说过："盖文章，经国之大业、不朽之盛事。"现代文化不但是产业，也是垂之久远的事业。参照历史规律，"国家百年而礼乐兴"，新中国也到了文化大发展大繁荣的时候。要发展文化产业、要建立我们时代的盛事。根据湖南实际，我想是需要推出一些大制作来的，湖南要代表民族，代表国家拿出大制作来在全世界面前亮相，让全世界认识"现代中国"和"现代中国人"。要完成这一理想，我们必须"落笔便高"，在五千年中国文化回归制高点上和合众力推动下，在国际上让人们记住几个湖南中国人，记住几件湖南中国事。

比如舜帝、屈原、蔡伦、袁隆平和杂交稻都是有世界影响的，都具备走向世界的基础条件。如何按好莱坞的水平搬上银屏、做成动漫、化为歌剧、幻为音乐，展现出"洞庭波涌连天雪，长岛人歌动地诗"的壮观境界，走遍全国、走向世界。一处培育了伟大诗人屈原、毛泽东的灵山秀水，一定会孕育出不负当代使命的创意天才！

二、创新一套养育人才的方法

文化往往是狮子的战斗，比起经济建设来，文化建设上人才的作用尤其突出，要特别强调人才战略。因为文化产业是创意产业。日本国际创价学会创始人户田城圣说，"办报是狮子的战斗"。狮子战胜羊群靠的不是数量，几百头羊也打不过狮子。其实这也是文化产业里多数行当的规律，一部电影关键在导演，一个出版社关键在社长或总编，梅兰芳剧团靠的是梅兰芳，苹果公司的灵魂是乔布斯，古今中外多数如此。因此建议多发现几头狮子，带领文化企业强势出击。

但是我也注意到，中央刚做出促进文化大发展大繁荣的部署，媒体就不断推出这里文化大发展、那里文化大繁荣的报道了。发展是硬道理，实力是硬本事。文化领域的战斗需要狮子，狮子是吃一口口饭长大的，这是急不来的。另外我又听说内地有的地方声称要培育一批国学家，感觉有些不可思议。金庸先生不是培育出来的，是利伯维尔场环境（自由的环境）造就出来的。而且人才不可能批量生产，对人才涌现的帮助唯一可以做的，就是提供一个有利于人才竞争的公平环境。这是建设"文化强国"急需解决的重大问题，必须要有突破、有创新，湖南可以尝试一套创新可行的方法，这对"建设文化强国"将是巨大的贡献。

三、观念改变必须跟上体制改革

当初中国农村改革就是从体制改革开始的，取消人民公社制度，实行联产承包，解放了农村生产力，调动了广大农民的积极性和创造力。要推动文化大发展大繁荣，改革文化体制势在必行。体制改革和改革后的体制都是人来运作的，他决定了体制将如何改和改成什么样，所以人的观念的改变至关重要，这是个复杂的系统的工程。根据香港等境外的经验，从观念上必须认同建立起适合市场经济条件的文化体制。

香港的很多做法，经过实践检验证明是切实可行的。比如内地多年来大力扶植传统戏曲，保存物质的或非物质的文化遗产，有如人为扶植濒危物种生存，但国家负担太大，濒危物种的生存环境改善却未如理想。香港其实面临同样问题，广东粤剧在现代音乐、影视乃至网络时代，正遭遇越来越严重的生存危机，但保存粤剧的任务并未由政府独立承担，甚至不是由政府主要承担，而是由关心热爱粤剧的企业界、八和会馆等社会团体去承担。它们不但带来保护经费，还直接带来受众人群。又比如香港潮州财团在香港大学设立饶宗颐学术馆，致力于国学研究。还有霍英东基金会赞助国家体育事业、陈启宗家族出资复建北京故宫建福宫花园、文物界赞助国家文物保护基金等。再如香港"活化保育文物伙伴计划"，把部分文物古迹承包给文化财团来维修保护、管理使用。

我们内地古建筑保护工作基本由政府包办，修缮后建成博物馆、文保所，后续经费压力很大。香港及国外的经验是，文化事业不由政府包办，基本上是政府指导、社会承办、市场运作。澳门有一批热爱京剧的人士，由澳门娱乐有限公司为主发起的文化发展基金每年邀请内地京剧院团组成强大阵容，在濠江开演，吸引了香港及珠三角地区的戏迷前往。

但这些做法一定要有其存在的环境，特别是如同香港那样健全的法律环境。以财团承接古迹"活化"为例，北京有专家指出，这种方式在内地实行起来往往会走样，文物古迹保护会失控。我们的社会发展已经到了这个地步，健全的法律环境迟早要建立起来。文化体制改革和文化建设，对法律环境依赖尤其大，完善知识产权法律法规体系也尤其重要。

四、恢复中华文化的优良传统，成为道德慈善文化的发源地

香港曾经是文化沙漠，此地文化并不是真的寸草不生，因为她还有"东方好莱坞"的美誉，其实文化沙漠的评价，恐怕主要是针对"人人向钱看"的社会现象的批评。重塑价值观是"文化强省"对内自我提升的一次机会。一个上升中的经济巨星，轨道上留下一些有时甚至很深的斑痕，比如贫富悬殊，我觉得只有用文化这把金钥匙来打开症结。

文化建设的起点应是人的素质的建立，我们在尊重别人的同时，也同样赢得别人的尊重。您在对别人口出脏话的时候，别人绝对不会笑脸相迎地称您为绅士。我们必须提倡礼貌和尊敬的精神生活。文化激化人对自身、理想、自我价值、自我荣誉的追求，文化可改变人的内心世界，道德慈善文化是医治抚平斑痕，是长久支持政治、经济发展的一剂良方，它是国家发展整体战略中不可或缺的重要组成部分。任何一个发达国家的政府，都离不开 NGO 组织的协助。但最近中国慈善界屡有负面新闻曝光。

我建议，湖南可做认真的探索，走出一条人文科学创新的路，这对国家又将是一个巨大的贡献。我曾做过三年香港东华三院的总理，现在仍是顾问。东华三院成立已 140 年，旗下有 192 个服务机构，掌管着数百亿的资产，是政府和市民信任和依赖的重要 NGO 机构，马英九就是在东华属下的广华医院出生的。东华是如何管理的，是如何越做越强的，140 年她的资产从不曾流失，她的成长壮大，有效服务社会，可以是我们研究的范例。总之，我希望通过文化的洗礼，在不久的将来，人们可以看到的是像孔子所说的"贫而乐，富而好礼"，像孟子说的"人皆可以为尧舜"，像佛经说的"人人皆为佛"的和谐、幸福、快乐的湖南。

辑三

香江梦

新时代属于每一个香港人 ①

20 日上午，两会圆满收官。国家主席习近平发表了激动人心的讲话，句句入耳，句句入心。因为他说出了 13 亿中国人民的心声。新时代属于每一个人，属于每一个香港人。

这几年，我跑过两地、国内外不少地方，朋友们共识是：如今中国发展的脚步，是谁也挡不住了。不论是什么样的目光，都无碍中国人跨步进入中华民族新时代的脚步。因为这个民族经历过长久的辉煌，他们知道持盈保泰；因为这个民族刚摆脱了苦难，他们知道与人为善，她的领袖满世界苦口婆心，呼吁共建人类命运共同体。

现在，习主席殷殷期盼香港、澳门融入国家发展大局，寄望增强香港、澳门同胞的国家意识和爱国精神。这是伟大祖国母亲的召唤。识时务者为俊杰，无论大家过去信仰什么，不能不信仰自己欣欣向荣的祖国。搭上承载着 13 亿多中国人民伟大梦想的中华巨轮，香港才能驶向充满希望的明天！

---

① 此文写于 2018 年 3 月。

融入"决胜全面建成小康社会"时代潮流 [1]

聆听李克强总理这次《政府工作报告》，我心潮起伏，可说："一则以喜，一则以惧。"喜的是，中央政府和全国人民始终是把我们香港当作宝贝，看高一线；我们香港在中央和特区政府领导下、广大市民努力下，在着力发展创新科技等方面总算开了个头，经济发展保持了平稳向好势头。惧的是，以"占中""光复上水"等反自由行动、立法会议员违法宣誓、恶意"拉布"等，又浪费了香港五年；祸国殃港的"港独"逆流一日不息，香港一日不得安宁。

报告总结过去五年用了85字："过去五年，港澳台工作取得新进展。'一国两制'实践不断丰富和发展，宪法和基本法权威在港澳进一步彰显，内地与港澳交流合作深入推进，港珠澳大桥全线贯通，香港、澳门保持繁荣稳定。"但展望未来五年，甚至更远则用了143字："我们要继续全面准确贯彻'一国两制'方针，严格依照宪法和基本法办事。全力支持香港、澳门特别行政区政府和行政长官依法施政，大力发展经济、持续改善民生、有序推进民主、促进社会和谐。支持香港、澳门融入国家发展大局，深化内地与港澳地区交流合作。我们坚信，香港、澳门一定能与祖国内地同发展、共繁荣。"内涵具体而全面，特别是：准确贯彻"一国两制"方针、严格依照宪法和基本法办事、支持香港融入国家发展大局、深化内地与香港交流合作。我感到，这既是战略部署，也是期望和提醒，特别是前两条。

因为我们香港一直有那么一些糊涂人，有一种莫名其妙的与生俱来的优越感。因而对自己国家和同胞、对自己民族和文化，莫名其妙地高傲；对英国等西方文化、外国人，情不自禁地顶礼膜拜。说实在的，就今日的香港来说，我们港人比以往更需要"一国"。在某些人顶礼膜拜的洋大人那里，负责任的政

---

① 此文写于 2018 年 3 月。

治家都要与中国建立两国关系持久的"黄金时代"。香港不找祖国找谁？九七回归前后，香港的 GDP 相当于内地 GDP 的四分之一，如今只相当于内地的3% 上下。

中共十八大以来的五年间，在以往改革开放量的积累基础上，中国经济社会发生了质的变化，科技创新、国防实力等方面都出现了井喷式发展。党的十九大制定了"决胜全面建成小康社会"和"两个一百年"奋斗目标。这不但是宏伟蓝图，更是一个个实实在在的机会。比如高铁，我们如果还在"一地两检"这样的细节上无休止地争论，坐失良机的只能是我们自己。内地入坐上世界最快的高铁，从广州到北京只用了八小时，跟坐飞机前前后后所花时间差不多；我们非要反复折腾，"可怜无补费精神"。这是跟谁过不去呢？

世界都在通过共建"一带一路"等互利合作，分享中国发展的红利。我们香港必须毫不犹豫"融入国家发展大局"，不能失去这"决胜"时刻的机遇！

港人需多一些自信心 ①

香港近期社会问题之争，呈长期化趋势，一波未平，一波又起，甚至愈演愈烈，让真正爱护香港的人们忧心如焚，真正是"亲痛仇快"。不管大家怎么看，我始终认为，绝大多数香港市民，包括持反对态度的市民，从根本立场上讲是好的，出发点上是善良的；如果将来回头看历史，目前的事态是香港经济社会发展和两地民众融合过程中出现的正常问题。有思想的人们以超前的思维、以回看的眼光看现实，会发现：我们是否少了些自信？20 世纪 30 年代的旧中国，内忧外患，思想家鲁迅先生写下他的名篇:《中国人失掉自信力了吗》。当时一部分中国人不但失掉了"自信"，连"他信"也失掉了，但鲁迅先生指出："一个转身，也许能够只相信了自己，倒是一条新生路。"今非昔比，今日的香港同胞不需"一个转身"，只需一如既往，保持在国家改革开放初期的港人固有的自信，事情就不会弄成今天的局面。

"核心价值"非"濒危物种"

对于"国情教育"、"自由行"衍生问题、"新界东北发展"等问题持反对态度者，不管言行上多么夸张，比如担心"洗脑""割地卖港""被规划"，主张"香港自治运动"，乃至打出什么旗号，中心思想无非是"捍卫香港核心价值观"，除非你真的是"别有用心"。香港核心价值观是什么？主要是民主自由的政治环境，以法制为最高准则和公平、诚信的营商环境，等等。这是当今人类社会的普世价值，我国领导人多次强调，要吸收人类文明进步的一切优秀成果，尊重普世价值；而事实上，内地改革发展都在向着现代文明社会的

---

① 此文写于 2012 年 10 月 18 日。

标准努力，如毗邻香港的东莞建设"法制东莞""诚信东莞"等。是这些东西影响内地，毗邻香港的珠三角得风气之先，而不会使香港失去这些优势。国家"十二五"规划在深圳发展前海地区，在珠海发展横琴特区，就是要引入港澳自由、法制的营商环境，成为"特区中的特区"。

"核心价值"是先进文化，有强大的生命力，不像大熊猫那样是濒临灭绝的物种，一不小心就会消失。

了解内地，方能知己知彼

不管你喜欢与否，香港的发展离不开内地，这是大势所趋。因为世界的发展离不开中国。我们还能跳出世界吗？既然要跟内地一起发展，就要了解内地。了解内地方能知己知彼，找准定位。企业界与内地合作需要了解内地，年青一代北上发展也要了解内地。事实证明，先了解内地、早北上发展，早获益。看看本港各大财团的情况就知道了。叫"国情教育"也好，叫"北望神州"也罢，内容都一样。前几年上环街头卖糖炒栗子，商户打出招牌是"天津良乡糖炒栗子"。旧时代河北省省会在天津，河北的良乡归辖于天津；现在良乡早已是北京市的郊区。是南京归江苏？还是江苏归南京？老一代香港人对此还颇为费解。因为国民党时期南京是首都，现在南京是江苏省的省会。了解点"国情"，起码少走点冤枉路啊！

"港人治港"源自自信

当初制定"一国两制"、"港人治港"、高度自治的政策，其实就是源自对香港同胞政治智慧和治理能力的自信。邓小平先生在 1984 年 6 月就说："要相信香港的中国人能治理好香港。不相信中国人有能力管好香港，这是老殖民主义遗留下来的思想状态。""香港人是能治理好香港的，要有这个自信心。香港过去的繁荣，主要是以中国人为主体的香港人干出来的。中国人的智力不比外国人差，中国人不是低能的，不要总以为只有外国人才干得好。要相信我们中国人自己是能干得好的。所谓香港人没有信心，这不是香港人真正的意见。"真正捍卫"一国两制"、"港人治港"、高度自治，就应全体香港同胞同心同德，把香港的事情办好，证明自己的能力，向世界展示我们的自信！

"公投起义"陷港人于不义 [1]

"起义"不合情理

香港反对派挑起的"公投起义"终于"去马"了。"公投"违宪，已有不少有识之士言之再三，其实在反对派自己，亦是心知肚明。然而"起义"又是什么呢？起义就是人民革命，这次起义要革谁的命，是中央政府还是特区政府？"革命"者，革除天命也，古人早说了，"天听来自民听"，"天命来自民心"，现在中国人民绝大多数拥护中央政府，香港市民绝大多数支持香港特别行政区政府。

以特区政府筹建"高铁"为例，这确是为香港长远发展有益的建设，获大多数市民支持的，而反对派却百般阻挠，是谁代表了"民听""民意"，显然是中央政府、特区政府，是谁违反了"天命"，显然是反对派，要被革命的应是反对派。

伤 13 亿内地同胞感情

香港回归以来，中央政府和内地民众大力支持香港发展，CEPA 使香港经济免于衰退，每当"非典"、禽流感等重大灾难来临之际，中央政府和内地民众也首先满足香港同胞需要。当年第 23 条立法不获通过，对国家安全不肯承担，已为内地同胞所遗憾，现在又公然要"起义"，这不是明给国家难堪吗？自己同胞在全世界面前伤中国人的面子，完全置 13 亿同胞的感受于不顾，必

---

[1] 　原载于《香港商报》2010 年 1 月 24 日。

将损人害己。

让海外侨胞失望

一直以来，在海外侨胞眼中，香港人顾大局、识大体，支持国家民族的大义。但这次让我们倒眼，有什么事要"公投"（且不说宪法无公投的规定）？受了什么压迫要"起义"？看来不过是"窝里反"，挑动群众，破坏和谐社会，"公投起义"陷港人于不义，广大市民千万小心上当！

中央挺港，岂止"送礼"！ ①

  中共中央政治局常委、国务院副总理李克强莅港亲口宣布中央支持香港经济社会发展 36 条政策措施，在本港和国内外引起强烈反响。有意搭上中国发展顺风车的邻居们无不羡慕香港的幸运；本港舆论也多以"中央送大礼"云云形容，反映市民们对中央和内地关心支持香港心存感谢。旋踵间李副总理回京，此间媒体又围绕警方在港大的保安安排讨论起来。对此笔者颇不以为然。孔夫子说："君子坦荡荡，小人长戚戚。"香港是民主自由社会，事情无论对错，见仁见智应予充分尊重，我也决不以道德标准对此妄加评论，只是认为：古代所谓"君子"就是大人物，也就是现在的政治人物、政治力量，应是胸怀大略、为香港长远利益考虑的，是如何抓住国家发展机遇，战胜国际金融危机困难，实现香港新的发展，而不是纠缠于无谓的争论。

支持香港是国家战略考虑

  总观中央六大范畴 36 条支持香港经济社会发展的政策措施，绝非"大礼"可以概括。它是国家面对 2008 年以来百年一遇的全球经济危机，鉴于欧美深陷次贷危机、金融危机、债务危机、经济萎缩相继打击而难以自拔，为香港、为全国而谋划的近、中、远期发展的战略部署。比如在经贸范畴，大幅提升两地服务贸易开放程度，内地将扩大对本港多种服务业的开放，并力求在"十二五"期末实现两地的服务贸易自由化。五年之内，香港各种服务业可以自由进入内地了，这是多大的商机！它的考虑是，欧盟、北美、东南亚逐渐实现贸易自由化，作为"一国两制"下的内地和香港，理应贸易自由化。再如推

---

  ① 原载于《香港商报》2011 年 9 月 2 日。

动内地与香港企业联合"走出去",那是鉴于世界经济形势发生了变化,有了中国大型企业"走出去"的机会;中国经济经过 30 多年发展,一些企业具备了国际竞争力;香港企业有国际合作的经验,联合"走出去",那不就是"兄弟同心,其利断金"吗?

有专家学者推测,10 年内广州、深圳人均 GDP 将会追平甚至超过香港。这虽然是预测,但也说明香港面临着多大的危机!这应该是中央为香港焦虑的。笔者还认为,中央在推出这些措施时,也应该是鉴于欧元区众多国家对付欧洲危机尚且捉襟见肘,一个国家之内的内地、香港两个经济体,必须紧密联合,互相支持,才有能力战胜世界经济动荡的冲击。这对完全外向型经济的香港,尤其重要。

六大范畴 36 措施制度安排有逾 CEPA

之所以不能说是"大礼",笔者认为这六大范畴 36 措施,是国家对香港经济发展的制度安排,其规模有逾 2003 年"非典"之后推出的 CEPA。CEPA 只针对两地建立更紧密的经贸关系,这次扩大到六大范畴,但很多是制度性安排。"制度安排"是长期执行的规定,而非一时一事、一次过的好处,因此不是大礼、小礼、厚礼、薄礼能够概括的。比如金融范畴"支持香港发展成为离岸人民币中心",就是制度性安排。把香港作为人民币离岸中心,国家就不会让上海发展人民币离岸中心,这牵扯到上海等内地金融中心城市未来若干年的发展方向,其利益难以估量。为此就有四五项配套措施,如(十二)将跨境贸易人民币结算试点范围扩大到全国,为更多企业在与香港地区开展贸易和直接投资中使用人民币提供便利,进一步加强香港人民币结算中心的地位;(十三)开展外资银行以人民币增资试点,为香港企业和银行到内地投资提供便利;(十四)增加赴香港发行人民币债券的境内金融机构主体,允许境内企业赴香港发行人民币债券,稳步扩大境内机构赴香港发行人民币债券的规模;(十六)鼓励香港创新发展离岸人民币金融产品;(十七)允许以人民币境外合格机构投资者方式(RQFII)投资境内证券市场。

每项措施都涉及香港和国家重大利益

想当初上海要建迪斯尼乐园，香港业界对由此给香港迪斯尼的竞争压力惴惴不安。一个"人民币离岸中心"是多少个迪斯尼？单以香港银行人民币存款而言，2009 年底还只有几十亿元，今年 7 月底就达到 5722 亿元，业界估计明年底会达到 2 万亿元。利益多大，不问自明。

可以说每项措施都涉及香港和国家重大利益。如经贸方面，第四项措施：支持在内地的港资加工贸易企业稳定发展和转型升级。继续保持加工贸易政策的基本稳定，推进珠三角加工贸易转型升级示范区建设，创新管理模式，建立健全加工贸易企业内销便利化机制，加强就业服务和用工指导，提供融资保险支持等，鼓励港资来料加工企业转型升级。在珠三角的港资加工业已经到了不得不转型的时候，不少企业经营因此面临重大的困难。面对如此严重的国际经济危机环境，国家要求珠三角等地体谅港资中小企业的困难，给予各方面扶持。真正关心市民们的政治人物、政治力量，应该赶紧拿着中央的尚方宝剑，与地方商量寻找帮助这些企业脱困的办法。

重感情富良知、勤劳智慧的香港同胞，把国家支持香港经济社会发展的每项政策措施都发挥到极致、用到尽，把经济危机甩到尽，才是好样的！

建设"文化强国",港人可做什么？ ①

内地人均 GDP 逾 4000 美元，已经不容您客气地将中国排在世界第二大经济体的位置，也自然进入国际公认的提升文化建设水平阶段，中共十七届六中全会及时研究制定深化文化体制改革、推动社会主义文化大发展大繁荣等重大决策，迎来文化产业大发展的新时期。如同内地改革开放之后，香港在推动内地经济起飞方面发挥了至关重要的作用那样，笔者认为，在这场文化大发展中，香港同样可以扮演一个推助器的重要角色，可以获得巨大的商机。在国家 30 多年改革开放和经济发展中，香港工商界获得了巨大的发展、赚了大钱；如果掌握好国家文化大发展的历史机遇，香港的文化界、文化产业界一样可以获得巨大发展、赚大钱。

港业界有现阶段文化发展的经验

人均 GDP 逾 4000 美元，大致相当于香港 20 世纪 80 年代初期的水平，文化大发展条件与香港 20 世纪 80 年代相当。20 世纪 70 年代末期，内地实行改革开放带动香港经济起飞，至 80 年代末人均 GDP 跃上万元大关。那时经济发展激起的文化事业、文化产业大发展的条件，也与今天内地相似。单以电影业为例，继 70 年代初期兴起的李小龙"功夫片"之后，喜剧片兴起，屡创票房纪录。"邵氏""嘉禾""许氏兄弟""中原""银都""新艺城"等电影公司蜚声中外，以国际巨星成龙为代表的一代电影人享誉世界。小小香港，80 年代出产影片就达千部，香港赢得"东方好莱坞"的美誉。有道是：艺术繁荣造就艺术名家，名家辈出彰显艺术繁荣。至今依然活跃在华人影视界的明星，可以见

① 原载于《香港商报》2011 年 10 月 14 日。

证那一段流金岁月。

甚至连消极方面，内地今天也类似香港昨天。香港"文化沙漠"称号大概就是从那前后叫响的。笔者理解，所谓"文化沙漠"，并非真的此地文化上寸草不生。此地毕竟是"东方好莱坞"嘛！世界上有华人的地方，就有我们香港金庸先生的小说嘛！"文化沙漠"的评价更重要的恐怕还是针对全社会"人人向钱看"的批评。反观内地，似乎现在恰恰也处于这样一个文化建设的"空窗期"：实物的文化产品从数量到质量在国际市场上还比较薄弱，以致被人形容为经济大国但不是文化大国；精神的社会文化、心理良知、优良传统被金钱锈蚀，助人为乐反被诬陷、遭索赔；至于贪污腐败、索贿受贿，香港 20 世纪 70 年代也不是没有经历过，廉政公署也是因此建立的。

现阶段香港业界可以做什么？

因此，香港业界有现阶段文化发展的经验，香港文化产业在市场环境下发展的经验也可资内地借鉴。而事实上，文化产业的"春江鸭"已经游到了江北，这方面还是首推头脑活跃的香港电影人。早在 2003 年 CEPA 签署后不久，他们就毅然决然地北上了。从那时起，香港电影进入内地再不受配额的限制，13 亿人的中国内地市场向香港电影人开放。这些年，市民们发觉本港影视界不如以往活跃了，但内地影视活跃了，2010 年电影票房已经上了人民币百亿元的台阶。人们当然看到大腕、明星都忙着到内地拍戏、开演唱会去，其中的收益凭你想象了。

内地文化大发展，香港业界可以做的很多。以笔者看来，目前起码有如下几类。

一是在建立适合市场经济运作的文化管理体制方面。什么样的体制既能促进文化建设，又符合市场规律？香港的很多做法是经过实践检验证明，是切实可行的。比如内地多年来下力扶植传统戏曲，保存物质的或非物质的文化遗产，有如人为扶植"濒危物种"生存，但国家负担太大，"濒危物种"的生存环境改善却未如理想。香港其实面临同样问题，粤剧在现代音乐、影视乃至网络时代遭遇越来越严重的生存危机，但保存粤剧的任务并未由政府独立承担，甚至不是政府主要承担，而是由关心热爱粤剧的企业界、社会团体去承担。它们不但带来保护经费，还带来受众人群。

这方面例子很多，比如香港潮州财团在香港大学设立饶宗颐学术馆，致力于国学研究。港人参与内地文化体育建设的也不少，如霍英东基金会赞助国家体育事业、陈启宗家族出资复建北京故宫建福宫花园、文物界赞助国家文物保护基金，等等。如果把这些经费赞助进一步发展为促进内地文化管理体制的完善，就进入了一个新层次。再如香港"活化保育文物伙伴计划"，在内地一部分古建筑保护上，可能要比以往的纯粹保护更切实可行。

二是在这种体制下文化人才培养机制方面。内地文化体制改革的难度很大部分来自从业人才、管理人才自身，因为内地现有从业人士基本上还是计划经济环境中培养和成长起来的，从思维模式到工作套路都是以往形成的。以展览业为例，本港专家们注意到，内地新建的一些博物馆等文化设施，馆舍、硬件设施足够世界一流，但展览等产品与以往没有多大区别。这都是观念、人才实力原因造成的。香港业界未来在内地肯定是英雄有用武之地，比如一面为内地博物馆、展览馆设计陈列、展览，一面带动内地同行。因为毕竟中华文化的背景一样，香港业界承接着国际先进的展览理念，其竞争力非外国同业可比。展览业是当今世界的一大产业，内地蕴含巨大商机。

三是在完善知识产权法律体系的环境方面。香港拥有健全的法律体系，知识产权保护环境优良。本港出版界都知道，在传统出版业遭遇网络冲击的今天和香港人口有限的情况下，谁能够进入内地市场，谁就获得生存空间。根据国务院副总理李克强莅港宣布中央支持香港经济社会发展36条政策措施等相关政策，香港可争取两地出版业的融合，让香港的出版社出版更多内地作者的书并准许进入内地市场。香港出版业获得内地市场的发展空间，内地利用香港完善法律、保障知识产权，结果是双赢的。与此相关，香港法律服务界在内地完善知识产权法律体系方面，也会有所作为。

四是在帮助内地业界走向世界方面。香港文化界一直是国际业界的一分子，有丰富的对外合作经验。以演艺界为例，虽然内地艺术家们已经越来越多地走向世界，但总体上看对世界的了解还不够充分。内地和港澳艺术家携手并肩走向世界，既壮大了中国人的力量，又能更好地弘扬中华文化。这一点其实很重要。再如中国画方面，台湾朋友抱怨说，台湾画家的作品在国外没有大陆画家卖的价高，因为人家认为不是正宗中国画。香港画家扮演着海峡两岸暨香港、澳门桥梁的角色，中国画会更有竞争力。

慈善文化最值内地借鉴

香港民政事务局前局长何志平医生有一句话，"香港是第一个现代化华人社会，是港人一百多年修出的'正果'"。的确，经历了多少磨难，香港社会在现代化方面走在华人社会的前面，当中有许多东西值得我们在社会建设方面借鉴，慈善文化就是其中突出的一项。慈善文化可以说是与香港开埠一起开始的，那时生活在此地的中国人为了相互接济，团结起来向港英当局争取正当权益，从1870年就相继成立起"东华三院"等慈善组织，形成与政府、企业并重的第三轨。东华三院以香港为中心枢纽，建立了一个遍及全球的华人慈善网络，拥有194间服务中心，为全港市民提供优质的服务。教会学校、教会医院等，在社会上发挥不可替代的作用。

孟子说，人皆可以为尧舜；佛经说，人人皆可成佛。慈善不是富人的专利，只要是尽自己所能帮助他人或是推己及人，就是行善。我认识一位朋友张先生，住公屋，以打鱼为生，并不富裕。但他与几个朋友集资在粤北山区清远捐建希望小学，认养贫穷孩子。他的钱在香港可能微不足道，但在内地有了大用。香港慈善文化有多少可以发掘的！所以笔者一直认为香港是"慈善之都"。

比较而言，内地真正意义上的慈善事业、慈善机构发展远远落后于经济发展、社会发展的水平。一方面是有的富人"骄奢淫逸"，有的"富二代""为富不仁"，还有不少人把我们本来不富裕的食物资源用来养宠物；另一方面是一些穷困阶层穷困潦倒，缺衣少食。光靠政府、光靠纳税人资源来完全解决这些社会问题是不可能的，即使最发达的国家也做不到。但是慈善力量却可以有针对性地帮助有需要的人士，而且更有效率。比如让富人少吃几顿大餐去盖希望小学，让普通人拿出养宠物的钱来帮助吃不上饭的孩子，我想这个目标是很容易实现的。文化建设必然包括慈善文化建设，文化事业发展必然包括慈善事业发展；而香港在慈善事业上的成功经验，香港成熟的慈善机构监管制度是值得内地借鉴和利用的宝贵资源。两地携手弘扬慈善文化，共同创建"和谐社会"。

政客真心维护香港利益，"港人治港"才能造福于民 ①

在近代史中，中华民族曾饱受屈辱，第一次鸦片战争英国单独入侵、第二次鸦片战争英法合伙入侵、义和团运动期间八国联军一起入侵等，但中国人民没有屈服，于是西方列强竟然采用"以华制华"的策略，转而在中国各自扶植自己的代理人，通过各自代理人实现自己的意志，间接统治、奴役中国人民，使中国沦为半殖民地社会。

西方列强先是扶植腐朽无能的晚清政府，继而扶植袁世凯，最后各自扶植北洋军阀的不同派系，中国人民因此遭受帝国主义势力、封建统治者、官僚资本主义等"三座大山"压迫，灾难格外深重。从辛亥革命前后开始 50 多年间，到 1949 年成立了新中国，终于推倒"三座大山"，为虎作伥的"外国势力代理人"成为历史。因此，中国人对外国势力代理人知之甚多、深恶痛绝，"汉奸""走狗""卖国贼""二鬼子"等臭名昭著的名字背后是中国人永不磨灭的血泪史、屈辱史。

"接受西方现代文明、民主"和"外国势力代理人"不是一码事

多年来，香港社会就流传个别政治人物以西方势力为靠山，近来"维基解密"、Foxy 披露的事情，证实了这些传闻。具有欺骗性的是，这部分人有时把以西方势力为靠山、甘做外国势力代理人与接受西方现代文明、民主、自由混为一谈，把公众对其行为的指责歪曲为"保守""专制""愚昧""野蛮""排外""义和团"。

① 原载于《香港商报》2011 年 10 月 29 日。

然而国际政治的实际情况是，各国追求自己国家利益最大化是基本目的。这些喝足"洋墨水"的"精英们"比谁都清楚。若是商业经理人士，为跨国企业在香港或是内地做代理，"在商言商"，谋求老板商业利益最大化，那是"应有之义"；但若是政客沦为外国势力代理人，为外国老板谋求政治利益最大化，则非港人之福，个中婉曲不必细言了。

而且在国际政治上，各种政治势力并非以"文明""民主"为选择代理人标准，比如当初帝国主义就是为维持毫无"文明""民主"可言的晚清政府的腐朽统治，派军舰在南京长江里炮轰太平天国信奉上帝的子民兄弟，如今西方国家在中东支持的政权也往往不是民主政权；更为残酷的现实是，当代理人未尽如人意，幕后老板就会毫不犹豫地"英雄断腕"：奉系军阀张作霖背后是日本人，当他们发现张作霖不言听计从时，就毫不犹豫地在皇姑屯将其炸死。近年以来在中东发生的事情也是如此逻辑；此间舆论注意到，此次"维基解密"披露的文件也是"赏罚分明"。

政治人物不可违反誓言

香港是法治社会，"爱国爱港"或者"不爱国""不爱港"，只要是没有违法，别人也无可干预。这是对普通市民而论。但作为政府官员、立法会议员以及身兼公职的政治人物就不同了。比如立法会议员，他拿的是纳税人、市民们的俸禄，为香港特别行政区效力、为香港特别行政区居民谋利益是其天职；若是为外国势力谋利益，那就是做与自己身份不符的事情。议员们就职时曾宣誓"定当拥护《中华人民共和国香港特别行政区基本法》，效忠中华人民共和国香港特别行政区……为香港特别行政区服务"。如果言行不一、违反誓言，属于违法行为，是不是应承担法律责任呢？

对于没有身兼社会公职的政治人物而言，做外国势力的政治代理人虽然没有违反自己的身份和誓词，但为自己的幕后老板谋求政治利益的最大化，也同样是把自己置身于香港特别行政区及其市民的对立面。从"维基解密"到Foxy的披露，相关政治人物若是没有做什么事，何不给公众一个负责任的交代呢？而不是以"个人隐私"等为借口来躲避。公众不是连"政府人物"的"经济实力"都有知情权吗？其实民主制度的游戏规则在香港早就用起来了。

"港人治港"需要每一位香港人的共同努力 [①]

近日本港媒体报道，将军澳一处新楼盘以较同区二手价为低的尺价推出，尽吸了二手客源，达到了散货的目的，并且还将会起到拖低二手价和地价，使整体楼价失去上升动力的作用。普普通通的一则新闻，但让人看到了发展商把握市场的眼光及魄力。面对当前国际上欧债危机已形成长期化、此伏彼起的态势，环球经济短期内难以走出困境；加之香港新一届特区政府上任后，必须兑现竞选承诺，解决大多数市民住房难的问题。这两种因素叠加，中期内本港楼市上升动力不大，下行压力不小。

媒体报称，政府过去两年积极推地，令私楼潜在供应不断增加，在新盘陆续有来的情况下，发展商采取先求量、后求价的策略，选择贴市价开盘散货。这让人不能不佩服港人包括发展商和业界审时度势的"营商智慧"。"港人治港"同样也需要智慧，要以我们的"政治智慧"维护全体港人的最高利益，支持政府集中精神，治理好关于民生的诸多香港问题，是每一位港人和新一届政府眼下的首要任务。

"跛脚政府"非市民之福

近日，特区政府提交立法会新政府架构重组方案，"打尖"审议通过未果；梁被爆出住宅"僭建"引发风波；立法会出现"拉布""流会"瘫痪立法会，致使规管一手楼销售法案、专利权保护法案等多项攸关市民利益的议案无法审议。媒体称："梁头炮不响"，"是泛民与少数建制派还以颜色"，"对其施政来个下马威"；新特首、新政府"未上路、已跛脚"。面对新政府上任前的种

---

① 原载于《大公报》2012 年 6 月 30 日。

种现状，未免让人担心港人利益会受损失。环顾美国及西方国家，每遇新政府换届，议会、民众都会给他们一段积极支持、合作的机会，以"听其言、观其行"，谓之"蜜月期"；不管政治取态如何分歧，在攸关民生的议题上，都以民众利益为先，这是成熟的民主制度的政治经验总结，反映了人民的政治智慧。

我们的新政府还没上任先给来个"下马威"；新特首还没上路就"跛脚"了。这让人看到商场上如此精明的我们，政治上是否还不成熟呢？一个由纳税人养活的政府，还没上任就已威信扫地，还没施政就已举步维艰；这就好比我们花钱雇了一位"公仆"，还没进门先把他数落得蔫头耷脑，让他以这种"状况"上岗为主人服务，和西方国家让新政府在"蜜月期"上岗，哪一种对社会、对市民更有利呢？

港人要做真正的赢家

本港社会把政治势力分成了"建制派""反对派"，新特首、新政府是属"建制派"的，"反对派"的任务就是反对。这其实也有悖民主社会的政治伦理。政治游戏讲究"敢打认输"，不管两组人马还是多组人马比拼，按规则胜者为王。像篮球比赛，到收场时，不许死缠烂打。当年美国的希拉里与奥巴马在民主党内部总统候选人角逐中争得头破血流，但一旦奥巴马胜出，二人马上握手言和，并且希拉里出任奥巴马政府的国务卿。已经胜出的人选，他便不只是投他票选民的领导人，而是全体选民、全体市民的领导人。没投他票的选民、市民要监督他施政，投他票的选民、市民也要监督他施政；投他票的选民、市民要支持他施政，没投他票的选民、市民也要支持他施政。因为大家都在一条船上，施政成败与大家切身利益息息相关，谁也输不起。在这方面，台湾民众经过民主化的教训逐渐聪明起来。陈水扁两届任期，绿营中人往往不论是非一贯支持，结果造就了"贪腐总统"，不但社会深受其害，连民进党也受其连累；去年底，面对全球金融海啸来势不减，与大陆保持良好关系不可或缺，台湾民众选择了有利于两岸关系和平发展的国民党候选人，保证了民众的既得利益，让民众成为真正的赢家。

15年前的7月1日，"一国两制"、"港人治港"、高度自治从设想变为举世瞩目的事实。当年邓小平先生的这一构想受到全世界称赞，被誉为中华民族政治智慧和创造力的结晶。回顾 15 年来香港社会走过的历程，我体会到，实现"港人治港"考验着我们每一位香港市民的政治智慧。作为市民，要以选票、言行，向政府和政治人物表达自己的喜恶；作为政治人物，不能把自己和自己党派的得失作为最高考虑；作为政府官员，拿的是纳税人的俸禄，就必须倾听市民心声，全心全意为市民服务。

如果"各尽其责"，香港的治理问题就好办许多，要证明香港人有智能、有能力，实行"港人治港"并且高度自治，还需要每一位香港人共同努力呢！

临渴掘井，好过无所作为 [①]

特区政府以民生为施政切入点应获肯定

以梁振英为行政长官的新一届特区政府上任以来，可谓一路崎岖。但是梁振英本人以及梁班子一年多来，是让我们看到胜选后的梁特首在认真兑现竞选时的承诺，如治理楼市，现以"辣招"压抑楼价；如改善民生，现已新推贫穷线落实扶贫、坚持推进东北发展等。对于这些作为，公道还是在人心的。日前国家主席习近平接见梁特首时，充分肯定梁及特区政府的稳中求变、民生为先的施政理念，着力解决住房、扶贫、养老、环保、经济发展等问题，同时得到了中央政府和市民共同支持和认可，局面是在往好的方向发展。

让市民享有与香港经济发展水平相对应的生活水平

香港早已步入发达地区行列，但实际上大多数市民生活并不宽裕，比起英、美等西方国家固然不及，比起内地发达地区也是相形见绌。尤其是大多数市民难以承受如此程度的高楼价，年青一代更是无法"上车"。在香港买一个七八百尺的私楼单位，抵得上在美国大多数地方买一个普通别墅的支出，也是济南等内地二线城市的数倍。让广大市民有与香港经济发展水平相对应的生活水平，这确实是负责任的政府应加倍重视的主题。当然"针无两头利"，香港社会多元，利益也极不一致，可以理解地产界人士希望缓解"辣招"的要求。况且房地产市场走势有其自身规律，要彻底解决高楼价问题，我认为关键在于

① 原载于香港《文汇报》2013 年 10 月 25 日。

调整以房地产为经济支柱的制度设计，也要顺应经济运转周期的变更。但压抑楼价，释放出政府决不允许楼市如脱缰之马的决心和为市民创造置业环境的追求，这份执意是应获肯定的。

贫穷线的划定，以市民收入中位数的五成为标准，虽然经济学家们在理论上或有更科学的见解，但临渴掘井，能帮助捉襟见肘的这近百万人口缓解眼下的困境，改善香港财富分配比较同等水平的国家地区更加两极分化的现状，还是大有必要的。

扶贫重在有远见

老话说，帮得了一时，帮不了一世。不知大家有否留意，香港的文盲率比起新加坡等同等经济发达地区是比较突出的。事实上，贫困与智力开发有着深刻的内在联系，因此建议扶贫与"增智"共进。往往劳动人口文化水平偏低，便会影响经济转型和家庭收入。政府需要切实加强再就业技能培训。面对贫困家庭，子女学费予以一定量的补贴，是造福市民的大好事。当十数年后一个家庭出现一位高智能劳动力，对这个家庭的改变是革命性的，对贫困遗传是颠覆性的。扶贫与增智相结合，以增智令到劳动力增值，最终从根本上脱贫，社会对此不能急功近利。没有十年树木、百年树人的远见，就是目前的近忧。

至于经济发展战略转变，有识之士多少年前就呼吁建立符合香港实际发展的支柱产业，特别是创新科技产业。无奈多年来政府推动不力，下面不为所动，致使房地产业独大，至今作茧自缚；如今面对上海自贸试验区、金融等多个界别的竞争已倍感压力。因此，特区政府现在推出一项项发展经济的举措，已经是临渴掘井。全社会有识之士如果再不紧急行动起来，"一心一意谋发展"，真的是前路堪忧了。

香港是我们的家，家业兴旺，需靠每一位香港人和政府共同努力来实现。为了我们的儿孙，我们要打起十二分精神，为搞好经济加倍努力。

风起于青萍之末　浪成于微澜之间 [①]

2 月中旬休息日，约百名网民响应 Facebook 群组所谓"驱蝗行动"号召，在尖沙咀街头手持港英时代"龙狮旗"游行，高呼"限制自由行"等口号，沿途指骂内地旅客是"蝗虫"，向购物的内地旅客喊话，叫他们返回内地，致使有的商铺一度落闸。对近两年一再发生针对内地旅客的事情，值得港人深入思考。"风起于青萍之末，浪成于微澜之间。"所有关心香港、爱护香港的人，有必要做出自己的判断和反应，有必要合力尽量挽回这样的局面和已经造成对香港旅游经济的负面影响。我担心如果出现最坏的情况，可能是不久的未来由沿途叫骂演变为肢体接触，上演全武行乃至更激烈的行为。至此我认为有三个层面的问题值得思考。

慎防极端化

首先，从"占领上水"，到冲入解放军驻港部队总部军营，到此次反自由行以及视内地同胞为"蝗虫"，要展开"驱蝗行动"等，令人忧心。少部分人制造的港人与内地民众的矛盾，拿全体港人做了人质，向 13 亿内地同胞释放敌意，超乎游戏规则，正向极端化演进，切不可取！

扪心自问，舍旅游业香港还有哪些优势？

香港产业发展方向，是战略问题。一直以来，香港以金融、旅游、物流为三大支柱产业。历史证明，这是符合香港实际、实事求是的选择。2011 年曾荫权任特首时提出发展六项优势产业，包括医疗、环保、检测及认证、教育、创新科技、文化及创意产业，的确有利可图，无奈目前看来效果不彰。比

---

① 原载于香港《文汇报》2014 年 3 月 1 日。

如若能将香港建成华南地区医疗中心，以香港大学医学院及已有医院系统优势为基础，发挥本港公私医疗机构配置科学的医疗体系优势，有针对性地做大医疗服务业，开放内地特别是珠三角、华南地区居民前来就医，市场广阔、"钱"途无量。但内地生入读本港学校已引起不少反弹，开放医疗系统更将引起轩然大波。旅游业是香港重要的服务性行业，旧时称为"开口饭"，既要迎来送往，又要和气生财。汉代千金小姐卓文君一旦"文君当垆"开起小酒馆，就得笑脸待客。大家不妨集思广益，想想还有什么又赚钱又清静的买卖？旅游业起码在当下是香港要紧紧抓住的机会，当初香港就是错失了手机等创新科技发展良机。

"购物游"属性决定访港客源特性

旅游业是饭碗之一，不想扔，大家只能研究解困之道。所以第三是技术问题。旅游分为自然观光游、名胜古迹人文游和休闲度假。香港这几条都不是，只具备香港特点的购物游。比如欧洲行，也有观光加购物。大部分内地访港旅客主要目的是购物，特别是常客。这就决定了他们来港就扫货，而不会像休闲度假那样安营扎寨、享受休闲生活。所以我们的服务也应该是极有针对性的，只应该是用我们的优质服务吸引留住旅客，因为赶客容易邀客难。"萝卜快了不洗泥"，等到口碑坏掉，再去洗泥，也没人要了。这一点我们应该好好学习澳门，澳门不过十几平方公里、46万人，承接与香港差不多数量的游客，城市资源压力极大，但大多数市民视来客为衣食父母，改善资源，迎接财源，值得我们借鉴。面对大市场、大商机，完善自己才是上上策。未来各界发展诸如大屿山商圈、西九、河套等方案，都值得探讨，并应尽快付诸实施。

总之香港是我们的家园，安定才有幸福，自己拆自己的台，无论如何都不在理上！

实话"公民提名"和"爱国爱港"①

香港特区政府就《2017 年行政长官及 2016 年立法会产生办法咨询文件》，展开的为期五个月有商有量的公众咨询已近尾声。结果令人期待，不料部分政党和政治势力却拉高了调门，猜测他们的动机和目的已毫无意义，在此我想仅就耳熟能详的"公民提名"和不堪重负的"爱国爱港"，说几句实话。

"公民提名"不切实际

世界上没有绝对完美的政制，只有最适宜本土的政制，所以任何国家的政制都不可能互换套用。故此，理性地回到香港现实中来讨论香港政制才是有效的，不切实际地唱高调，只会拖后腿，会让香港付出沉重的代价。

在香港何谓适合？即第一，香港有基本法，如果没有把握解散全国人大，那就必须遵守基本法。第二，要兼顾社会各阶层利益，包括既不能让资本阶层财大势大损害普罗大众利益，也不能让普罗大众人多势众损害资本阶层利益；香港社会资本阶层的人数大大少于工薪阶层人数。若是简单计算票数，当然是代表工薪阶层者胜出；但若不保护资本阶层利益，资本出走，受害的还是工薪阶层。去年以来时起时伏的社会舆论对财团"撤资"的疑虑，说明此问题与广大市民息息相关。第三，要有利于行之有效的自由经济的发展，这是港人的"核心价值"之一。

基本法政制架构设计，实际上是权衡各方利益得出的最大公约数。提名委员会综合权衡各方面利益，推出几位候选人，在此基础上普选投票，选出为

---

① 原载于香港《星岛日报》2014 年 4 月 8 日。

大多数选民接受的人选，确保各方利益的均衡。如果"公民提名"与直接普选效果无异，无法保证"均衡参与"，看似更民主，实际上后患无穷。所以主张"公民提名"，不论出发点是什么，客观上是脱离香港社会实际的。

"爱国爱港"归根结底是"爱香港市民"

如今谈起"爱国爱港"，无论建制派还是泛民，都太沉重了：有人不愿承担不爱国爱港的恶名，但也有人未必以被标签为"爱国爱港"为荣。其实要求特首候选人必须"爱国爱港"，归根结底是爱香港市民。

爱国爱港这四个字，万万不能空泛化，而应是检验具体行动的标准，只有爱了才会珍惜；只有爱了才会真心为市民服务，为香港长治久安负责；若没有这个爱字，只是为选票奋斗，那将是香港最大的不幸。古语说："大堂里不长谷子，二堂里不长高粱。"政府不是社会财富制造者，只是财富再分配执行人。如何当这个家，少一分真爱都不行，既要照顾老的，也要想着小的；既要眼前的安定，又要为将来的繁荣奠基。举个眼前的例子，不久前《长远财政计划工作小组报告》指出，如政府不想办法控制开支，按照过去十多年增长轨迹移动的话，七年后香港便会出现结构性赤字。加上香港老龄化日趋严重，特区政府的财政负担会雪上加霜。如果为赢得民意，可以用纳税人的钱为自己的政治前途买单，开仓放水很简单。但如果是一个爱民如子的特首，是一个负责任的特首，就不但要为任内着想，还要为下一代着想，所以爱港决不是一句口号，而是五年任期一以贯之的具体行动。

"爱国"有着法理依据

近年来，福利主义、借钱消费，使欧债危机频频发生。香港是中国的特别行政区，从法理看，任何情况下都不可能像"欧猪五国"那样，可以国家破产；若是到此地步，人家自会找中国政府算账。说白了，香港选举结果、选出的特区政府的施政结果，在法理上最终都要由国家兜底，而不是单单由香港市民兜底。我想这大概是中央政府坚持特首要"爱国爱港"的重要原因。从提出

"一国两制"起，中央政府对香港问题就已不是意识形态的考虑，而是对香港未来一个全方位的保障和承担，这也可以理解为什么中央对"占中"这种行动极为不快的缘由。

作为香港人，我们的未来应交给什么样的特首来治理，靠我们自己来把握分寸。

母亲劝子女　"占中"需三思①

日本民间有一个"抛弃母亲的故事"，说的是古时候生产力水平低下，乡下人生活艰难，食物等生存资源贫乏，人老了丧失劳动能力，子女便无力养活他们，无奈之下形成一个抛弃老人的习俗，将其送入深山喂野兽。话说有一位老母亲，儿子背她进山路上，老人家不时折下树枝扔到地上。儿子问她为什么，她说怕儿子下山时迷路，折些树枝给儿子做记号。儿子听了再也不忍，转了一圈又将老母亲背回家，宁肯母子一起饿死。这个故事大约与我国北方一些地区古代的"六十一还家"传说差不多。都是说母爱无私，无条件爱惜子女，至死还惦记着孩子。作为子女、母亲，笔者从第一次听到这个故事就深受感染。如今由此联想到本港"占中"行动。

现在看"占中"的策划者们，无论他们出发点、目的为何，对于香港在客观效果上，都与把母亲扔进深山差不多，凶多吉少。作为母亲，也是曾经的女儿，笔者还想劝子女们三思而后行；也希望"占中"策划者们，爱惜孩子们的未来。

不代表青年运动方向

青年是社会的未来。近代以来，青年运动的方向往往代表了时代前进的方向，如五四运动。运动尽管为当时的当政者所不容，但历史对他们的行动做出肯定的评价。此次"占中"诸子也很在意青年学生的参与。但笔者以为，"占中"既不见容于现实生活，在未来也不会"彪炳史册"。

第一，"占中"违法。香港是法制社会，人民的诉求可以循各种途径上达

特区政府直至中央政府。没有表达，或者是一部分人的诉求得不到满足，就不计一切后果我行我素，实际上就是无法无天。第二，"占中"缺乏程序的公正。"占中"理念抄袭自"占领华尔街"，在没有人民授权情况下损害全社会利益而又不打算赔偿损失，必然是失道寡助。第三，"占中"一直得不到香港主流民意支持。各种民调统计，其支持度都只有25%左右，反对的却有六成多。而五四运动等进步青年运动，是知识分子首先觉醒之后，唤起民众一起抗争。说"占中"不会有历史地位，是因为历史表明，一个社会运动推动了社会进步、社会发展，才是正义的、进步的；破坏了社会发展繁荣，就是相反的。"占中"会给香港带来什么尽人皆知，大多数市民会参与支持吗？会有前途吗？动员孩子们参与这样的运动，不但是对社会不负责任，也是对后代不负责任。它不但是政治问题，也是道义问题。

给青年人留下负资产

"占中"正如其倡导者指出的，是激进、激烈的社会行动。作为社运老手或江湖上成名人物，如他们自己所说是为了香港未来，即使没有多少所得，但也没有多少损失。但对于孩子们来说，就关系重大。对的事情，即使今天未能躬逢其盛，也是来日方长；没有把握的事情，一时冲动，铸成大错，一失足成千古恨。

所幸的是，今日是全球化、信息化时代，青年人的选择较我们这一代或者我们的前辈，要科学得多，也可以更加理性。盼青年朋友择善而从，择不善而舍之。

人大当机立断，体现中央保持
香港繁荣稳定的历史担当 ①

十二届全国人大常委会第十次会议，对 2017 年香港特区行政长官普选核心问题做出了决定，也对 2016 年香港特区立法会产生办法是否修改问题有了说法。在由提委会提名特首参选人、被提名人须过半数提委支持、参选人以三位为限等特首选举核心问题上，中央当机立断，做出具体决定，这是维护和推动香港民主沿着正确轨道前进的正确决策，是对广大香港同胞高度负责的表现，是中央政府对坚决贯彻落实基本法和"一国两制"、保持香港繁荣稳定的政治担当和历史担当。

作为一个香港人，面临从未经历过的社会乱象发生的关键时刻，终于可以舒一口气，放下一个"担心"。广大市民呼吁香港各界放下政治偏见，回归基本法，尤其是泛民方面，能否以广大市民的整体利益、长远利益为依归，以大多数市民的要求为重，在立法会就特区政府提出的 2017 年特首选举修改法案表决中，做出对历史负责任的正确抉择。

偏离基本法，明知不可为而为之，引发乱象已祸及香港安全

按新华社报道，全国人大常委会注意到香港社会在提名委员会组成、提名民主程序等一些核心问题上争议较大，一些人甚至提出了明显违反基本法的主张，偏离基本法规定的正确轨道。本港媒体也指出，政改咨询半年多，社会各

---

① 原载于香港《大公报》2014 年 9 月 1 日。

界分歧不但未见收窄，反而越来越大，矛盾越来越尖锐，如再多讨论半年，就更加剪不断、理还乱。香港确有急速滑向"台式民主""泰式民主"的势头，若任凭其祸港害港，就会葬送香港前途。台湾民进党输打赢要，法制框架内打不赢就展开肉搏战、议事堂上斗不胜就发动街头抗争，已致使社会空转、经济停摆、元气大伤。泰国反对党旷日持久街头抗争，害苦经济和民生，甚至引发军事政变。在香港发生的闯驻港军营、"占领立法会"、"网上公投"、"7·1"游行，泛民灵魂政治人物走访美国、英国，美国共和党极端政客海上密会泛民幕后核心人士，香港确有沦为国际政治斗争棋子之虞。

中央提出特首选举要考虑到国家安全，其实暗涌的波涛威胁国家安全之外，首当其冲的是威胁香港安全，威胁香港的前途和命运，威胁到广大香港市民安身立命的家园和一生苦心经营的生活。试想，一旦香港繁荣不再，最受伤害的是谁？这正如日前李飞指出的，中央若屈服于本港反对派抛开基本法压力，在特首选举问题上让步，香港将永无宁日。面对香港政局和纷繁复杂的国际形势，中央政府当机立断，快刀斩乱麻，这是一个国家政治意志、政治魄力的体现。历史会证明今日决策的及时、正确。

千秋功过，识时务者为俊杰

实事求是说，选举政治下，政治人物代表自己的选民发声也正常。但在历史发展的重大关头何去何从，能否超越党派利益，做出符合社会整体利益、长远利益的选择，才能真正体现一个政治人物的智慧和魄力。不论有些人是口服心服，还是心服口不服，或口不服心也不服，但事实让大多数市民相信，中央真心希望一人一票普选特首，真心希望香港人"袋住先"的，及实现2017年普选之后，循序渐进与中央一起进一步提高特首普选的民主性，使之成为世界民主政治发展成功的一个范例。如逆大多数民意而行否决普选方案，开罪的是大多数市民；"占中"毁灭香港身家性命，注定遗臭万年。摆在有些议员面前的，是如何规划自己的政治前途，尤其是能够站在历史的高度，以中华民族仁人志士特有的家国情怀，做出历史抉择。历史是无限的，一个人的生命是有限的，一个政治人物的辉煌往往在于历史发展的一刹那。识时务者为俊杰，千秋功过，系于此刻，有识之士，不可不察呀！

"占中"荼毒青年，君子不齿

对身为专业人士的"占中三子"，真不知该如何评价其动机，若是真正有着政治道德的高人，大可总揽人类文明发展大势，高瞻远瞩为大众拨云见日；如此，相信不但求才若渴的特区政府会奉为上宾，即使中央政府也会视诸君为海滨邹鲁奇才，重而宝之。奈何为达成政治私利，蛊惑、驱使天真无邪的青少年打头阵，置青年人前途、命运于不顾。而且自视过高，指"反占中"签名人士素质低，似乎香港科技大学教授郭海成（光学家）、郑绍远（数学家），香港大学教授王于渐（前副校长）、卢宠茂（肝脏名医）这样的签名者，都比不上他们，令人不禁心生悲哀。"占中三子"也是学界中人，为什么要义无反顾置香港于死地？究竟是何等的功名利禄在召唤？明代唐寅曾自题："此生已谢功名念，清梦应无到古槐。"这不是令人钦佩的文人境界吗？怎么会突发"占中"大梦呢？好在"占中"是福是祸，早已路人皆知，但愿人大的当机立断能惊醒梦中之人啊！

恢复法治是香港唯一出路 [1]

多元化是香港的魅力。财政司长曾俊华说："民主、法治、强有力的政府，是香港一直以来赖以成功的三要素。"我对此深以为然。马云的财富已超过香港许多人，但我们仍有法治环境的优越感。以往我们总感觉内地法制不够健全，现在中共十八届四中全会决策全面推进依法治国、加强宪法的实施。这应该是经济社会发展的必然要求。而令人遗憾的是，逆水行舟，不进则退，视法治为至高无上信条的香港，违法"占中"以来的事实却是，以人多势众、大声夹恶、强词夺理，从基本法到法院裁决，统统视同废纸。依法施政的强有力的政府已然是没有了，而法律仅为顺我者是法、逆我者是废法，一夜之间，大步倒退至此，令人瞠目。爱香港爱家园的人都来呼吁吧：恢复法治，让香港安宁！

渐行渐远　伊于胡底

"占领行动"的初始，不少人还抱有一些幻想，也愿意相信他们的"理想"。可"占中"一个月来，市民们没有感受到预期的美好，相反对市民现实的伤害却是切切实实的：商家无法营商，打工者不便返工，游客望风却步，对经济造成极大的打击，损失的是真金白银啊！美银美林报告认为，"占中"对旅游业、零售业及个人消费影响最大，因被占领区域均是主要购物区，估计每天因此造成的经济损失过亿港元。对接下来经济的影响也是显著的：美林将香港第四季经济增长预测由 2.5% 下调至 1.5%，将今年和明年的增长预测也分别下调 0.4 个百分点，至 1.9% 及 2.1%。"占中"对香港的伤害随时间推移会逐步

---

① 原载于香港《文汇报》2014 年 10 月 30 日。

显现，而对香港声誉的打击更是前所未有的，"会生金蛋的鸡"看来是鸡飞蛋打了。

现在最令我关注的是：从"占中"局内人到市民等局外人，都搞不清"占领行动""伊于胡底"，即何时是尽头？我倒是推测，可能"草鞋没样，边打边像"，单凭"五方代表"跟感觉走，这也太没谱了吧！这大概不会是"占中"发起者的初衷，但不幸成为"占领行动"的现实。事情的发展与"占中三丑"当日信誓旦旦为香港好、为后代造福的"宏愿"渐行渐远，或者说南辕北辙。苦的是无辜市民心甘情愿也罢、心不甘情不愿也罢，都得硬着头皮奉陪。所以面对现状，无辜者只好自己救自己，还是一句话，爱香港爱家园的人们大声呼吁吧：恢复法治，让香港安宁！

恢复法治让香港重现繁荣①

迷途知返　从民所欲

参观北京故宫钦安殿时曾看到玄武大帝真经有一卦叫"入山迷路"，我当然无意求签，但传世的《周易》卦书，确确实实饱含哲理，体现了古人经验智慧。不妨也摘录几句供思考："忽入深山去路迷，不如归去免狐疑"；"有理翻成失理亏，吁嗟好事到头非"。何以"有理翻成失理亏"，结合"占中"行动，发起人应比谁都明白，他们何曾有过理，即无理还要选择违法途径？结果自然不堪。"五方代表"曾试图进行"广场公投"，我善意地估计，这大概也是向民意问卦吧？但可惜的是，组织者限定投票的市民必须要支持"占中"。古话说："问道于盲"，自己是迷路人，再问道于迷路人，要走出深山何其难。其实看看报纸，有几个市民是支持这种玉石俱焚的"占领"行动？听听海外传媒声音，有几个是设身处地替香港人想？市民的主流民意是人心向治、厌倦社会乱象纷呈。从民所欲，是最好的选择，最好的下台阶。

水月镜花　何必拖熬

环顾当今世界局势，东欧、中亚"颜色革命"、台湾"太阳花"运动，通过瘫痪甚至推翻政府、破坏法治追求政治要求的行动，带来的都是政治动荡、民生受苦、经济衰退及经济议题被搁置。人民痛定思痛，早已厌倦了这种乱局。香港好端端的法治社会，好端端的百业繁荣、稳定生活，没有理由一步步

---

① 原载于香港《文汇报》2014年11月3日。

126

滑向万劫不复的动荡泥潭。只有恢复法治，香港才能得以安宁。

　　恢复法治，就要回归基本法和香港原有法律规范。基本法规定的是提名委员会，而不是所谓"公民提名"。守宪，就要遵守国家宪法和香港基本法。要求人大常委会道歉、取消人大常委会决定，没有实现的可能。离开基本法去对话，通过违法途径去要挟，终究是水中月镜中花。"占中"策划者在可预见的结果面前还有必要熬下去吗？不要做历史的罪人，恢复理性，回归法制，让香港重现繁荣安宁。

"沉默大多数"是决定香港未来命运的"关键大多数"①

香港渴求真民主

民主政治基本要素是少数服从多数，但近年来的香港似乎多数要服从少数，成为"国际标准"民主的悖论。"占中"行动策划及参与者本来是"三子""双学"和极少数极端分子，连普通泛民都只能是啦啦队，但"占中"核心人士却一向以港人代表自居。比如要求全国人大常委会向港人道歉；特区政府不与学联或学民思潮对话，就是不愿意聆听青年人乃至市民的心声；特区政府乃至中央政府得罪了"双学"，就是得罪了全香港的年青一代，而失去了青年就失去了未来，云云。这些话混淆是非，颠倒黑白，因为"占中"势力既不代表香港市民大多数，双学也不代表香港青年大多数。而更为重要的是，"占中"要求和行动本身不但违法，而且与香港繁荣稳定的大义背道而驰；小部分"占中"青年既非当代香港青年的代表，他们发起的以反对特区政府、中央政府为目标的"雨伞革命"，显然永远不会成为青年运动的方向。

"气壮"未必"理直"

香港"民主"发展到如斯地步，政治表演已经不是政治主张的检阅、德能勤绩的竞赛，甚至都不是辩机的展现，而沦为斗大声、拼体力，甚至是谁够浑、够狠。"占中"这创意从"三子"构思之初，就是看谁够浑、够狠，就好比不守交通规则横穿马路，端看谁敢轧过去。占领行动最后期，几位年轻人绝

---

① 原载于香港《大公报》2014年12月30日。

食，其实是拼体力、斗狠，所幸他们及时终止绝食。这样做没有意义。因为不论斗什么、拼什么，按我们中国古话说："凡事抬不过一个理字。"正论也好、悖论也好，最终见分晓时躲不过一个"理"字。谁掌握了真理，谁就会成为最后的胜利者。此次"占中"行动中，"占中"策划者从骑劫示威者，到骑劫泛民，甚至企图骑劫全体港人与中央对抗。实际上是"关键少数"的作用发挥到淋漓尽致。少数人拿着不代表主流民意的主张，虽然理不直，但气壮得很，就像俗话说的："拿着不是当情理。"若任由这种状况发展下去，是一个社会的悲哀。"反占中、撑普选"运动及百万人签名，是健康的民主社会应有之义。

"关键大多数"不能坐以待毙

近来总结"占中"，社会上有"三子请客、双学点菜、民间团体作侍应、泛民找数"之说，似乎泛民是最大输家，笔者倒认为大多数市民才是最大受害者。奉公守法、安分守己、纯朴善良、占了全社会最大多数的老百姓，披星戴月，辛苦经营，勤力敬业，含辛茹苦，支撑起香港社会。他们默默工作，不与人争，但却不得不承担"占中"一类政治行动的恶果。稍有异议，动辄得咎，似乎只能被"占中"策划者一类人所代表。"占中"虽告一段落，但"双学"已声明继续革命，泛民似将日趋激进。最后受害的还是老百姓。大多数老百姓本来就应是"关键大多数"。与其坐以待毙，不如有所作为。让"大多数"发挥应有的决定作用，让"大多数"自己主宰自己的命运。让"大多数"保护好香港——我们共同的家园！

"民主化"绝非是"去中国化"，张扬"港独"者将是祸及香港的罪人①

《学苑》"港独论"的文章，让香港社会情绪紧张，也让中央政府及内地民众警觉。特首梁振英在施政报告提出此事后，《学苑》继续推出此类文章，坐实了当事者是有意为之，而非"学术讨论"无意失言。问题的关键在于，刊登"港独"系列文章的《学苑》，是学联大本营所在地，"双学"是此次"占中"急先锋，激进反对派代表之一。观乎"港独"言论出现以来，反对派中人表态，大多态度暧昧。这不由得令人联想到，反对派追求的"民主化"，与"去中国化"的联系，甚或是一即二、二即一，两者是一码子事？

"泛"政治化的背后

香港社会逐步"泛"政治化了，刚落幕而余波未平的"占中"，是其集中体现。"占中"后反对派在立法会内的不合作行动、"双学"誓言深入小区及日趋激烈的言行、不少人评论香港"社会撕裂"等，都是"泛"政治化的结果或者说表现。

一位对国内外社会都有一定研究的朋友曾问我：香港人为什么那么热衷政治？我认为，"泛"政治化有其客观、复杂的原因。英国人统治香港150多年，基本上说来华人是没有话事权的，临到回归在即，港英当局才急急抛出"民主化进程"。有一点头脑的人谁都明白，这是政治上的实用主义。因20世纪80年代内地"文革"结束不久，两地政经发展落差悬殊，"民主化"就与"去中

① 原载于香港《文汇报》2015年2月9日。

130

国化"产生了微妙的联系。回归以来香港实行"一国两制"、"港人治港"、高度自治。这一方面激发了港人当家做主的热情，另一方面某些人"去中国化"意识开始发酵。将"两制"凌驾"一国"，甚至拒绝"一国"，以"港人治港"拒绝中央政府管治，以"高度自治"为旗号搞独立王国，以及"香港城邦""港独""建军""建国"等主张，实际上都是在为"去中国化"制造舆论或准备。

而散播舆论声音最大的都是年轻人，回归前他们刚出生或未出生，如果简单地归结为教育工作失误，这并非事物的本质。人是社会动物，人的思想观念不是头脑里固有的，很大程度上来源于社会。隐藏在"民主化"后面的"去中国化"，不能不引起善良的广大市民警惕。"民主化"一旦与"去中国化"紧密联系甚至画上等号，"港独"成为政治要求，这对香港将会是毁灭性的灾难。

"政争"不应危害香港

已经开始的 2017 年特首选举办法第二阶段咨询，公众普遍认为已不是政制发展之争，而是直奔管治权之争的主题。反对派已经摆明，不论五成以上、六成、七成民意主张"袋住先"，立法会这一关是过不去的；不管是民生议案还是基建发展议案，立法会都要抵制；"双学"也好像摆明誓与中央质旋到底的决心，"港独"言论被肆意传播，等等。人们不禁要问：那接下来是推翻中国政府，还是把香港从中国分离出去？如果长此以往特区政府不能有效施政、香港社会不能正常运转，且不说香港繁荣稳定不保，也直接危害到国家安全及发展利益，那么作为一个大国的中央政府难道会无所作为？

我绝对是爱香港爱自己家园的人，也真心诚意追求民主化，但如果设身处地想想，假如真有人引导香港走"港独"的危险之路，则不是"二十三条"立法不立法、《国家安全法》引入不引入的问题了！香港是多元社会，也应该是政治上比较成熟的社会，"政争"有"国际标准"的游戏规则，在政治规范和伦理之内运行无可厚非，但应适可而止。守住香港福地，为了子孙后代担起我们的责任吧！

重温"白皮书"，助港人更加务实解决分歧 ①

政改方案第二轮咨询 1—3 月展开，新一年一面总结过去的风雨历程，一面规划新的发展路向，对于港人来说，不论其持何种政治立场，我觉得都有必要认真重温一下白皮书，以务实的态度解决分歧，始为香港新一年之福。

白皮书阐明中央政治立场

2014 年 6 月 10 日，国务院新闻办发表《"一国两制"在香港特别行政区的实践》白皮书。白皮书是 20 世纪 80 年代香港回归进程启动以来，中央政府第一次系统全面总结的有关回归历程、"一国两制"制度安排及其实践过程、香港特别行政区成立以来经济社会发展成就等各方面工作的文件，"白皮书"中中央政府对香港管治的立场，与宪法的有关规定及基本法是一脉相承的。

比如：宪法和香港基本法规定的"特别行政区制度是国家对某些区域采取的特殊管理制度。在这一制度下，中央拥有对香港特别行政区的全面管治权，既包括中央直接行使的权力，也包括授权香港特别行政区依法实行高度自治。对于香港特别行政区的高度自治权，中央具有监督权力"。这是早在 1982 年五届全国人大第五次会议通过宪法第三十一条，为设立特别行政区提供的宪制依据，港人熟悉的"一国两制"、"港人治港"、高度自治，都是中央政府的法律决定。而白皮书明确："中央直接行使对香港特别行政区管治权的权力主体包括全国人民代表大会及其常委会、国家主席、中央人民政府、中央军事委员会。"如果以"港人治港"、高度自治，来否认中央对香港全面管治权，显然是未能全面领会宪法和基本法。我想说的是，不管是何种政治立场，都必须认真

---

① 原载于香港《文汇报》2015 年 3 月 4 日。

读懂"白皮书",因为它足以让港人回归理性，面对政改第二轮咨询做出正确的回应。

原则问题无讨价还价空间

当去年 6 月初白皮书发表之时，正是香港"占中"山雨欲来，中央政府未雨绸缪，把中央政府一以贯之地对港管治路线、方针、政策公告世人。对于大多数港人来说，大家有了完整系统的法律、政策依据；对于反对势力来说，严正表明中央的立场，划出中央的红线。这显示了一个泱泱大国的中央政府的磊落气度和坦荡胸襟。全国人大常委会"8·31决定"，及中央政府坚定支持特首梁振英领导的特区政府，沉着应对和处理"占中"乱港事件，坚决反对"港独"言行等，系列事实都表明，中央政府严格履行了国家宪法、基本法和白皮书的承诺。

可惜的是，香港反对派势力至今对政制发展等原则问题，仍抱有投机商式的讨价还价心态。从香港回归问题提出之初，邓小平先生与撒切尔夫人会见时就指出："原则问题不容谈判。"原则问题没有讨价还价空间，这是中国政府一贯立场。准确把握白皮书表达的原则，有益于本港社会政治生活。

解读"政治幼稚病"

近年来，本港接连上演一些政治闹剧。比如："双学"要求全国人大常委会收回"8·31决定"，并向港人道歉；有人冲闯驻港部队总部；有人挥动港英旗帜在上水等街区"驱蝗"；有人到英国议会做证，要求英国政府继续实施1842年中英《南京条约》;《学苑》鼓吹"港独""建军""建国"及武装暴动。善良的市民视之为小丑跳梁。但不可忘记的是，当初"占中三丑"提出"占领中环"设想，人们也以异想天开、虚张声势视之；后来事实的发展毋庸我赘述。

法国学者刘易斯·博洛尔经典著作《政治的罪恶》(改革出版社 1999 年出版)指出："政治本来是一门非常高尚的、非常重要的关于管理公共事务的艺术，但是，政治这一美好的形象长期以来一直被许多错误的政治原则所玷污。

这些错误的政治原则在合法的外衣下把政治变成了一种说谎与欺诈的骗术，甚至变成了一种抢夺与压榨的霸术。"回顾和细绎"占中三丑""占中双学""港独《学苑》"种种貌似"政治幼稚病"的表演，具备"说谎与欺诈的骗术"的特征。或雄辩滔滔、巧舌如簧，或书生意气、迂腐木讷，但都显然并非真的"幼稚"。人们若相信其"幼稚"，那真是"幼稚"。从本质上说，好像这种"政治幼稚病"基本上源自上述"政治的罪恶"。

回归理性，不能让香港变"输家"

重温白皮书，让香港社会回归理性务实。日前李嘉诚先生就部分人反对自由行的极端行为，认为"过犹不及"，直指假如即刻取消自由行，"股票将会下跌 1000 点以上"。作为脚踏实地的实业家，李嘉诚日前屡次要求支持政改方案，"否则全港是输家"。这就是理性的声音。

财政司司长曾俊华刚刚发表的特区政府财政预算案报告内容，也充分体现了香港政府的理性务实，他指出：解决社会上的问题需要对话而不是对立；针对年轻人的发展，政府预算拨款 2 亿多港元，支持他们到内地交流和实习，指出"前人种树、后人乘凉，寄望年轻人乘凉之余，勿忘种树，带领香港走出明天之路"。尽管预算案不会获得部分人的认同，但我始终认为，香港作为一个区域的经济体，港人尤其是年轻人必须能够走出去，才能获得发展空间，否则"塘水滚塘鱼"是不会有出路的。理性看，内地就是香港最好的经济腹地，鼓励年轻人融入内地经济发展是最合理的选择；当然只要有竞争力，任何地方都会有发展的空间，而且前辈港人不乏这方面成功的先例。

香港繁荣是香港几代人拼搏出来的，维护香港利益是我们最务实的共同责任，事事以香港繁荣为念，才是面向美好未来的正道。

"爱国者治港"是中央原则，也是基本政治伦理 ①

不允许与中央政府对干、敌视中国人民的人出选香港特首，这样的立场放在世界任何地方，都理直气壮。世界上哪一个政府都要维护国家的统一、国民的团结，这是政治原则，更是民族大义。

维护民族大义才能"出闸"

自从 2017 年特首选举"政改"咨询启动，本港政坛就热闹了。最近是"袋住先"与"反袋住先"、"松了"还是"紧了"、"袋住先"还是"袋一世"、"有得倾"或还是"冇得倾"等类似"漫天要价，坐地还钱"的"讲数"。

我认同香港作为商业社会，运用商业思维思考问题，可取之处应该是正视现实，但还远远不够，政治还有不可触碰的红线，那就是讲原则。"必须由以爱国者为主体的港人来治理香港"，这就是原则。

30 多年前中央领导人邓小平先生，在会见香港工商界访京团和钟士元先生时就指出，特首是香港管治队伍之首，当然要爱国者担任。相信各方政治人物对此均无可厚非。现在问题的焦点实际上是，反对派能不能"出闸"及如何"出闸"。说人大常委会"8·31决定""紧了"是实话，但应该承认：这是目前最符合香港社会实际的决定。

在我看来，现在已经不是"袋住"不"袋住"的问题——香港社会包括反对派政党及其支持者，应该就回归以来中央政府及内地民众为香港做了什么、我们又为国家做了什么，做一次系统回顾，进而想一想中央政府、内地民众如今何以采取这种态度。我们的思维模式往往有片面性，就事论事；中国传统文

---

① 原载于香港《文汇报》2015 年 4 月 28 日。

化则常常是辩证思维，即所谓"透过现象看本质"。

回归之后，特别是近年来香港发生的所有涉及香港与中央、香港与内地关系的事，让世人一目了然，有些人没有站在中国人立场上看待自己的国家和民族。比如有机构所做的所谓"中国人""香港人"身份认同的民调及其结果，就很带有这样的意味；去年《白皮书》发表，重申爱国者治港，引来部分人口诛笔伐、游行示威，也说明香港社会的深层次问题。而近日港大一个未来鼓励学生与内地交流的计划，竟引起轩然大波，要副校长道歉和学校书面答复。如果是鼓励与美英交流的计划，是否会出现这样的局面呢？

国家统一是民族情感，不容挑战

去年旷日持久的违法"占中"行动；有政治人物与以"台独"为要求的台湾"太阳花"学运的密切互动；尤其是港大学生会刊物《学苑》公然鼓吹"港独"，反对派政治人物所表现的暧昧态度，等等。我想这些事情不但引起了中央政府的警觉，也触动了全中国人民的神经，甚至挑动了海内外中国人的民族情感。

在中国人的思想里，搞独立王国、分裂国家，是冒天下之大不韪，有这种想法就其心可诛。"港独"已经触动了中国人一向视国家统一为至高无上的民族大义的原则，再以"学术研究""少不更事""不成气候"之类的话开脱，只会越描越黑。

香港是中国的香港，治港是国中之事，不爱国要参与治国之事，如没有特别的目的，能自圆其说吗？不允许主张或支持、赞同、同情"港独"的人，"出闸"参选中华人民共和国香港特别行政区行政长官，为此把关设卡，既说明中央的决定是正确的，也说明其对维护"国家主权、安全和发展利益"的必要，但是既不爱国又要参与治国之事，不免令人觉得滑稽和警惕。

可以说，香港的政治人物，在诸如"港独"等事关民族大义的问题上没有坦荡荡的正面态度，就一日无可能"出闸"参选中华人民共和国香港特别行政区行政长官；因此而被拒诸特首选举门外，完全是咎由自取，而且理所当然。

政改表决考验政治智慧①

政治是妥协的艺术，蛮干只能说明幼稚。政治既在于过程，也在于结果。政治既要有崇高目标，也要脚踏实地，实事求是。离政改方案提交立法会表决越来越近，本港各界绷紧了神经。在我们不少港人看来，周三的香港一定是举世瞩目，中央领导翘首以待；此时立法会衮衮诸公，动见观瞻。

香港风浪起　急的应是谁

不少内地朋友多次对我表示："你们太自以为是了。"言外之意，香港人太把自己当回事了。以周三政改方案提交表决而论，的确是香港民主发展的重要里程碑，关系到500多万合资格市民能否一人一票选特首。但是香港的前途和命运，早在1984年《中英联合声明》发表，特别是1990年4月4日七届全国人大三次会议通过《香港特别行政区基本法》时，就已经确定了。那就是"一国两制"、"港人治港"、高度自治，五十年不变。这就可以理解，中央政府驻港官员回答议案若不获通过时，指"天不会塌下来"，以及两地对政改表决结果出现落差的原因。

"任凭风浪起，稳坐钓鱼台。"这是中央领导人对港的一贯态度。中央和代表全国人民意志的全国人大，真心实意希望香港循序渐进发展民主，热切希望香港立法机关通过修订的2017年香港行政长官产生办法，让全体香港市民2017年"一人一票"选特首，特区政府也按照基本法和全国人大决定提出了政改方案。但作为民意代表的反对派立法会议员，就是无视民意，就是要捆绑否决政改，从中作梗。以我浅见，在表决前，反对派力量包括反对派的政治人

① 原载于香港《文汇报》2015年6月22日。

物，是否应该冷静想想和自己相关的事呢？

尽管多个民调均显示主流民意支持通过政改方案，但到目前为止，反对派议员不为所动，不肯改变投票决定。否决政改，说到底是出于政党、个人盘算。因为反对派议员担心，投赞成票，得罪激进反对派选民，可能意味着议员政治生命终结，这可能是反对派议员们的最大顾忌。但是否决政改，反对派尤其是温和反对派议员的政治前途就如花似锦吗？

前不久的深圳会面，负责政改的中央官员称大多数反对派议员为"泛民朋友"，希望议员朋友们以求大同、存大异的精神，顾大局、讲大义的境界，以及不为一党一己私利所束缚的勇气，投下神圣的一票。否决政改，将令所有希望政改通过、希望香港好的人大失所望。可以预见的是，为了反对通过政改，类似去年"占中"可能会重演。去年"占中"一役，人心向背显露无遗。根据基本法，维护香港繁荣稳定是中央和特区政府的宪制责任。"占中"以失败告终，实际上也反映了激进反对派搞乱香港不得人心。

为香港投下负责任的一票

欧美各国驻港总领事已开腔挺政改，一人一票就是民主，反对派应该"袋住先"。捆绑否决政改，不符合欧美的利益。由此可见，否决政改，目前场面上的反对派人物前途暗淡，反对派变本加厉采取激进对抗，没有出路。

三国才子曹植自称："以犬羊之质，服虎豹之文，无众星之明，假日月之光，动见瞻观。"说自己本质上是犬羊，却披薅縻的华丽皮毛；没有明星气质，却假借日月之光，一举一动令人瞩目。此话用在目前的香港反对派身上倒也适合。

换一个角度说，政改方案投票更多的是考验反对派政治人物的政治智慧。政治是妥协的艺术，蛮干只能说明幼稚。政治既在于过程，也在于结果。政治既要有崇高目标，也要脚踏实地，实事求是。宋代诗人陆游诗曰："位卑未敢忘忧国，事定犹须待阖棺。"面对香港特首普选成败的关口，反对派需要过人的政治智慧和当机立断的勇气，为香港投下负责任的一票。香港的历史会记住真正推动它向前发展的功臣。

端午节父亲节　说屈原谈政改 [1]

政改方案酝酿近两年，最终因反对派的否决，令 500 万选民"一人一票"选特首的普选梦落空，各方两年多的努力付诸东流，白忙一场。对比屈原为国家、人民的大爱，父亲为子女的无私奉献和担当，反对派政客违逆民意、为了一己之私而否决政改，陷香港于政争不息的混乱，反对派政客不觉得汗颜？不是理所当然应受到各界的谴责吗？为我们的家园，为我们的子孙，为了维护香港的繁荣稳定，香港的从政者应回归基本法原点，推动经济、民生和民主的发展，这是天降之大任，要为港人做出担当。

立法会表决政改方案的结果，对大多数市民来说，正应了鲁迅先生那句话："但愿不如所料，以为未必竟如所料的事，却每每恰如所料的起来。"综合各方面的反映，政改方案遭否决，大多数市民的看法可以"痛心疾首"一言以蔽之。普选遭扼杀，香港民主遇挫折，周六端午节、周日父亲节相继而至，或许稍纾我辈善良百姓心中的郁闷、失望和愤慨。

爱家邦爱人民　流芳千古

端午节是中国人的传统节日，最初是南方先民在夏日里祛病防疫活动。早在春秋时代（公元前 770 年—公元前 476 年）之前，东南吴越之地就在夏历五月五日以龙舟竞渡形式，举行部落图腾祭祀等活动。战国末年，身为楚邦三闾大夫的屈原（约公元前 340 年—公元前 278 年），眼见自己的家邦即将被强秦吞并、襄王昏庸无能、政坛奸臣当道，于是在龙舟竞渡的端午这一天，投汨罗江自尽，以期唤起自己的同胞。从此，端午节成为中华民族纪念屈原的节日，

---

① 原载于香港《文汇报》2015 年 6 月 22 日。

其最初的含义反而其少有人知道。

后来屈原以"伟大的爱国诗人"流芳千古。其实那时中国这片土地就是"天下"。屈原深深地爱着自己的家乡和人民，像橘树那样，"受命不迁，生南国兮"。屈原的爱国，就是爱家邦、爱楚邦的人民。20世纪初的著名学者易培基，他是孙中山的顾问、毛泽东的恩师，又是故宫博物院首任院长。易培基对屈原及《楚辞》有精彩论断："灭楚者，秦也；灭秦者，《楚辞》也。"屈原把忧国忧民的赤诚投入以《离骚》为代表的《楚辞》，并且以身殉国，楚人感屈原之至。屈原的执着、生死，为的是家邦，为的是人民，而不是自己。正如屈原在《离骚》里说："岂余身之殚殃兮，恐皇舆之败绩！"（我哪里怕自己遭殃，我怕的是楚邦覆亡啊！）屈原为邦为民，"虽九死其犹未悔"。

对照屈原为家邦、为人民的大爱，看看香港的反对派政客，不觉得汗颜吗？各位政客常挂嘴边的是为香港、为市民，到头来却实实在在是为自己！落实普选，让民主向前，是香港市民的人心所向，也应该是香港政治人物的不二之选。但结果反对派连最基本的政治伦理都不讲不理，夫复何言？

撑起香港这片天　吾辈有责

父亲节为感恩父爱。如果说，母爱代表着不求回报的奉献，那么，父爱就代表着义无反顾的担当。反对派的政治人物不少已为人父母，今天的"学字头"搞手们明天也将为人父母。成功为人父母者，莫过于成为子孙楷模，获得子孙的爱戴和敬佩。为人父母，给子女留下什么宝贵遗产？这是家事，也是天下事。现在香港都在讨论"如何保持竞争力"。在我看来，一个社会的根本竞争力，在于文化感召力，一个良好的文化传承就是最宝贵的财富。

过去内地一提到香港，人们马上想到法治、廉洁、高效、文明。不幸的是，如今内地同胞一谈到香港，很容易联想到，民主是"占中""公民抗命""拉布"；自由是"鸠呜"，向无辜的游客示威，连小童都被吓得痛哭，只因小童一时内急慌不择路，就被连番示众，口诛笔伐。一小撮人的胡作非为损害了香港形象，破坏了两地人民的感情，最终受害的，还是广大香港市民，相信港人都不会容忍、放任这些反中乱港行为。

政改方案酝酿近两年，反对派的执意否决，到头来让大家白忙一场，政制原地踏步，全港皆输。痛定思痛，我真心渴望老、中、青、少同心协力，重建香港人引以为傲的文化和传统，这是香港的灵魂，千万不可让政治争拗没完没了，让香港发展停滞、文明倒退、文化堕落、精神沉沦，将香港这片绿洲变为沙漠，陷入万劫不复。为我们的家园，为我们的子孙，为了香港的繁荣稳定，香港的从政者应回归基本法原点，推动经济、民生和民主的发展，这是天降之大任，要为港人做出担当。

香港不行"三权分立" 中央管治权须尊重①

中联办主任张晓明表示，香港不实行"三权分立"的政治体制，香港特别行政区的政治体制是"一国两制"之下的一种崭新的地方政治体制，对应的是单一制国家中享有高度自治权的一个地方行政区域和地方政权。香港特别行政区享有的高度自治权都是来源于中央的授权；香港特别行政区政权机构设置及其相互关系的决定权、政治体制发展包括普选制度的最终决定权，都是中央所拥有的。张晓明主任近日的讲话是对香港及时必要的提醒，值得香港各界反思，应尽快扭转困扰香港多时的不合理、不正常的现象。

张晓明对香港特区政制的论述，让人更清楚地认识到，香港是中央辖下的地方政府，不是联邦制国家的一个邦，更不是独立国家。少数人鼓吹香港实行"三权分立"目的只有一个，就是否认中央对港的全面管治权，这是一厢情愿。香港回归后实行"一国两制"，香港原有法律基本获得保留。这体现中央政府、中华文化厚德载物的包容，也是出于确保香港平稳过渡、维护香港长期繁荣稳定的考虑，但不意味"司法独大"，甚至可以借"司法独立"的名义抗拒中央对港的管治。

香港从不实行"三权分立"

对于行政长官，基本法第四章第四十三条规定："香港特别行政区行政长官依照基本法的规定对中央人民政府和香港特别行政区负责。"特首就职誓词包含以下重要内容："本人就任中华人民共和国香港特别行政区行政长官，定当拥护《中华人民共和国香港特别行政区基本法》，效忠中华人民共和国香港

---

① 原载于香港《文汇报》2015 年 9 月 24 日。

特别行政区，尽忠职守，遵守法律，廉洁奉公，为香港特别行政区服务，对中华人民共和国中央人民政府和香港特别行政区负责。"对中央人民政府负责，当然受中央政府领导；对香港特别行政区负责，则是领导香港特别行政区。

对于立法机关，立法会议员的誓词是："本人就任中华人民共和国香港特别行政区立法会议员，定当拥护《中华人民共和国香港特别行政区基本法》，效忠中华人民共和国香港特别行政区，尽忠职守，遵守法律，廉洁奉公，为香港特别行政区服务。""一国两制"下，就任香港特区立法会议员，效忠香港特区，是效忠中华人民共和国的具体表现。

对于司法机关，基本法第四章第四节第九十条规定："除本法第八十八条和第八十九条规定的程序外，香港特别行政区终审法院的法官和高等法院首席法官的任命或免职，还须由行政长官征得立法会同意，并报全国人民代表大会常务委员会备案。"司法誓言："本人就任中华人民共和国香港特别行政区法院法官／司法人员，定当拥护《中华人民共和国香港特别行政区基本法》，效忠中华人民共和国香港特别行政区，尽忠职守，奉公守法，公正廉洁，以无惧、无偏、无私、无欺之精神，维护法制，主持正义，为香港特别行政区服务。"

必须制止不合理、不正常的怪现象

纵观古今中外，盟誓都是庄严的事。美国有违背誓言罪，中国最古老的典籍《尚书》保存了3000多年前的重要誓言，例如周武王与诸侯合兵伐纣，在盟津大会诸侯时的《泰誓》，至今在黄河岸边还留下历史地名"孟津"。香港有人对张晓明的讲话断章取义，偷换概念，顽固抗拒中央对港的管治，对得起自己所发的誓言吗？

近年来香港出现的怪现象不能不令人忧虑，违法"占中"祸港殃民，但失败至今近一年，"占中"的搞手、参与者并未得到应有的法律制裁；有人在足球场上公然嘘自己国家的国歌，大学生野蛮冲击校委会，"反水客"驱赶内地游客，等等，这些都与法治文明背道而驰，不利于香港与内地关系良性发展，不利于香港繁荣稳定。张晓明主任近日的讲话是对香港及时必要的提醒，值得香港各界反思，应尽快扭转这些不合理、不正常的胡作非为。

向阻碍发展说“不” 推动香港走“正道”①

去年底特首梁振英上京述职时，习近平主席、李克强总理的讲话，贯穿一条主线，那就是：香港未来该走什么样的道路。如今正值岁暮年初、辞旧迎新之际，香港社会各界应回顾近年香港走过的道路，认真领会中央领导的讲话，慎重思考香港未来何去何从，更应向阻挠香港发展的现象说“不”，让香港走“正道”。

习近平主席会见特首梁振英时指出，中央贯彻“一国两制”方针并坚持两点：一是坚定不移，不会变、不动摇；二是全面准确，确保“一国两制”在香港的实践不走样、不变形，始终沿正确方向前进。“不会变、不动摇”，是中央的保证，正如邓小平先生30年前指出的，“‘一国两制’不会变，也没必要变”。“一国两制”“不走样、不变形”，关键则要靠香港各界的努力。国家进行“十三五”规划，积极谋划长远发展，继续充分考虑香港的角色和定位，支持香港在国家发展和对外开放中发挥独特作用。中央既有原则表态，又有周到安排。但是，如果我们在落实过程中“跑偏”，香港深陷政治争拗和空转泥潭不能自拔，中央给再多的机会，也无济于事。长此以往，我们又会失去5年、10年，最终“万事成蹉跎”。

中西包容并蓄乃香港成功之道

回顾香港成功道路可发现，“两制”在香港对接，又保持“自由港”特色，这是香港的成功之道，回归后更以基本法的形式予以确认。而且“自由港”既是经济政策，也有不同政治制度并存的含义。作为中国内地与西方世界交接的

---

① 原载于香港《文汇报》2016年2月4日。

香港，作为中外交流融通的桥梁，保持左右逢源，这是香港的优势所在。上几代香港人正是善于抓住内地和世界接轨的机遇，化危为机，在别人徘徊的时候自己却获得发展的机会。例如，20世纪二三十年代起中国内地战乱频仍，香港接收了内地一批"太史公"（前清进士、举人），接着在抗战时期又接收了一批文化名人，由此香港由文化"沙漠"变"绿洲"；40年代末50年代初，接收了内地以上海资本家为代表的一部分实业，发展起香港制造业；50年代末又接收了内地一大批年轻力壮的劳动力，西方对内地实行"封锁政策"，香港担当内地与世界联系的窗口；70年代末，内地改革开放，港资搭上"头班车"，带动了香港经济80年代起大规模起飞，跻身"亚洲四小龙"，其后香港制造业北上发展，本港金融、商贸等服务业繁荣起来，实现了经济转型发展。邓小平先生决定回归后香港实行"一国两制"，真正叫高瞻远瞩、深谋远虑，也是要保持香港的特色，推动国家发展进步。

如今，以习近平同志为核心的党中央，同样希望香港提升自身竞争力，善于对接国家发展战略，借力国家发展大势，找到"国家所需、香港所长"的交集，特别是把香港在制度、专业、人才等方面的既有优势发挥好，为国家发展服务。如今国家推动"一带一路"，香港能不主动配合，不抓住"近水楼台"的先机？

香港不能走"政治化"的歪路

"一国两制"是总结香港成功经验、对未来发展作出的科学安排。历史证明，香港的成功之处，就是抛开意识形态分歧，凡是有利于香港发展的东西都兼收并蓄。近年来本港社会"泛政治化"，立法会有"拉布"，大学校园有"黄卫兵"，闹市区有"鸠呜""驱蝗"，更有"占中""包围立法会"，等等，这是把香港引向"政治化"的歪路。

香港需要稳定发展。"不会变、不动摇"的"一国两制"之路，是香港的"正道"，香港走"正道"，未来才充满希望！

叫嚣煽动"港独"者　必受历史惩罚 [①]

　　自从中华人民共和国成立之后，中国就再不曾被迫割让过一寸土地，中国人民真正站起来，昂首挺胸，从此屹立于世界民族之林。改革开放后，中国国力与日俱增，1997 年香港顺利回归祖国，一洗百年民族耻辱。今天，几个嗷嗷叫的"港独"分子，企图在香港凭空捏造一个"香港民族"，鼓吹煽动什么"民族自决"，有可能成功吗？答案一早在包括 700 万港人的炎黄子孙心里。

　　香港自古以来就是中国领土，并已经加载了《中英联合声明》，也加载了香港基本法。"港独"违宪违法，鼓吹"港独"的人及其背后势力，居心叵测，他们以为，由于中央政府不希望香港乱，中央政府一定要保持"一国两制""港人治港"和高度自治顺利实施，香港要保持繁荣稳定，经济发展、民生改善，中央政府及特区政府"投鼠忌器"，所以一定不会对"港独"分子大动干戈，以免碰伤香港这颗东方宝珠。"港独"分子有恃无恐，敢冒天下之大不韪。可是，中央一向对捍卫领土主权、国家安全的问题没有妥协的余地，"港独"分子不要低估了中央的决心。

　　港人希望天下太平，安居乐业，绝对不认同、不支持"港独"，这是香港的主流民意。少数"港独"分子想把基本法第二十三条立法永远拖下去，一有风吹草动，就可以借题发挥，里应外合，兴风作浪。有人利用香港作为国际金融中心平台，在经济上"做空"中国内地、"做空"香港，让内地大蚀一笔，让港人财富打水漂；在政治上抹黑中央政府和特区政府，让中国人名誉扫地；在国际上孤立中国、制裁中国，遏制中国崛起，打乱中国的现代化进程，想把中国打回到四分五裂的年代。可是，现实根本不可能发生这样的事情，今天的中国已非任人鱼肉的晚清政府，"港独"搞搞见不得人的小动作，就想反中乱

[①]　原载于香港《文汇报》2016 年 4 月 19 日。

港，阻碍中国发展壮大，根本是痴人说梦。

"港独"分子以为背后有外国人出钱出力撑腰，就可以得意忘形，狐假虎威，就不把中央和特区政府放在眼里。事实上，"港独"分子充其量不过是人家用来向中国讨价还价的"棋子"，随时会被抛弃。

随着国家不断发展，日益强大，香港肯定更加繁荣稳定，这是不可改变的趋势。可以预见，甘心为虎作伥、引狼入室的"港独"分子，不论现在怎么得意嚣张，未来肯定没有好下场。

搭上"一带一路"快车，香港走出一片天 ①

　　全国人大常委会委员长张德江莅临香港视察，出席特区政府举办的"一带一路高峰论坛"，代表中央向世界推荐香港，期望香港在"一带一路"倡议中担当特殊角色，为香港振兴创造新的历史机遇。香港是中外交往的桥梁，应该在中国与世界的新一轮合作中大显身手，实现与国家的互利双赢发展。香港的成功在于善用内地改革和中外合作的历史机遇，搭上"一带一路"的头班车，香港定会走出一片天。

　　特首梁振英曾指出，"一带一路"对香港的机遇，较30年前内地改革开放还要大。据国务院发展研究中心等权威机构分析，"一带一路"沿线国家和地区覆盖46亿人口，占全球总人口的63%，GDP总量约22万亿美元，占全球GDP总量的30%。区域内大多数国家是处于上升期的新兴经济体和发展中国家，正值工业化初期，工业增加值占GDP的比重在30%左右。

　　进入新世纪以及国际金融危机以来，世界经济恢复和增长，主要得益于新兴经济体拉动，其中中国经济发展对世界贡献率近年来一般在30%以上。"一带一路"倡议将共同构建起世界跨度最长、最具发展潜力的经济走廊。预计在今后25年内，中国将大幅提高对该地区的投资，其比重将逐渐占到中国对外总投资的70%，成为中国对外资本输出的重要区域。"一带一路"将改变未来世界经济的版图，从一定意义上说，其将影响甚至决定未来相当时期里的世界经济走势。看看各国对中国"一带一路"倡议反应之热烈，对亚投行反应之出人意表，就知道当今天下大势。

　　20世纪70年代末的香港经济起飞，缘自内地1978年以来的改革开放，港人搭上"头班车"，创造出"香港奇迹"，香港跻身"亚洲四小龙"。如今

---

　　①　原载于香港《文汇报》2016年5月18日。

"一带一路"，是中国这个年生产总值达 10 万亿美元的世界第二大经济体，与"一带一路"沿线 60 多个国家合作发展，其规模、动力今非昔比，"一带一路"为香港提供的发展机遇比 30 年前当然要大得多。梁振英以春节期间率团到印度考察所见所闻，表明"一带一路"带给香港的机遇涉及陆海空全方位、各领域，而不仅仅是以往人们瞩目的金融、航运等行业。比如国家在海外承接高铁、港口项目，香港公司就可以自己的优势参与。

我在北京就亲身感受到，港铁在当地建设和运营的地铁线路，已建立良好声誉。国家在海外承建高铁项目，港铁可以各种形式结伴同行，相关管理人才、技术工人等都有份参与。伴随着中国企业"走出去"，需要大量熟悉跨国文化、精通专业知识的国际化高端人才，这也是香港核心竞争力所在。"一带一路"，真是商机无限。我一向认为，香港的成功在于善用内地改革和中外合作的历史机遇。搭上"一带一路"的头班车，香港定会走出一片天。

效忠加入的体制是"国际标准"[①]

本港选举管理委员会一纸确认书，又牵动了一些港人的神经。有意参选特区立法会的人士，被要求签署确认书，承诺"拥护基本法"和"保证效忠香港特别行政区"。就好比要加入一间公司，被要求承诺遵守公司章程，为其尽力。这本是天经地义，而且是出于避免公然声称搞垮该公司的人士加入该公司。这要求太正常了，简直是"卑微的要求"。但即便如此，仍不免一些人"群起而攻之"。人们不禁要问，如今的香港社会还有没有真理？

偷师"台独"歪理　此路不通

特区政府7月14日的声明，列举立法会是依据基本法和香港法律产生、《立法会条例》规定有意参选者须于提名表格声明拥护基本法和保证效忠香港特区、香港特区是中华人民共和国不可分离的部分，等等。在我看来，这些简单道理，谁都明白：一面鼓吹或认同或不反对"港独"，一面又要参选中华人民共和国香港特别行政区立法会，这是有意或无意偷师"台独"分子所作所为。这些年来，台湾的"台独"分子就是一面鼓吹"台独"，一面参选台湾地区领导人、"立法院"的"立法委员"。中央政府、13亿中国人民，如何以宪法、《反分裂国家法》等国家意志与人民意志，惩治"台独"分裂祖国的罪行，我们可以拭目以待；今时今日，在香港一面鼓吹"港独"，一面企图混入特区管治队伍，绝对是"此路不通"。人们有一千条理由、一万条道理反对"港独"，但就没有一条站住脚的"理由"支持"港独"。而拒"港独"于立法会等特区管理体制之外，正是与国际接轨的"国际标准"。

---

① 原载于香港《文汇报》2016年7月22日。

美国联邦法律规定"宣誓效忠"

我专门请教了现在美国法律界执业，并具有中国司法资格的留美法学博士。数据显示：美国联邦法律规定的"宣誓效忠"誓词是："我谨宣誓效忠美利坚合众国国旗及效忠所代表之共和国，上帝之下，不可分裂之国度，自由平等全民皆享。"（原文："I pledge allegiance to the Flag of the United States of America, and to the Republic for which it stands, one Nation under God, indivisible, with liberty and justice for all."）美国国会两院新会期（每年1月）和美国大多数各级政府的会议开始之时，全员要念上述的"宣誓效忠"誓词。

需要特别指出的是：

第一，"不可分裂"（英文原文：indivisible），这个字眼和反"港独"是一个内涵。

第二，美国联邦和地方法院从来没有认定宣誓效忠违宪，对于议员和政府官员，你既然是在自愿状态下进入政府体制的，没有被强迫——你可以不参选，就必须效忠这个体制。回到香港，你如果想搞"港独"，你就不该还和这套体制"同床共枕"。

第三，美国关于宣誓效忠出现的法律争议，从来在于：（1）此事不该强迫普通老百姓念；还认定宣誓效忠不能强迫中小学生念。因为人们无法选择自己的出生地。（2）"上帝之下"语句违背美国的政教分离宪法条款。而对于议员念宣誓效忠，从没有争议。

第四，美国的参众两院议员的就职宣誓，也有类似语句："我谨庄严宣誓，我决心维护和捍卫合众国宪法，防止被国内外一切敌人侵犯。我将忠于宪法，恪守不渝。我自愿承担这项义务，毫无保留之意，也决无推诿之心。我将忠勤尽责，恪尽职守。愿上帝助我。"（英文原文：I do solemnly swear that I will support and defend the Constitution of the United States against all enemies, foreign and domestic; that I will bear true faith and allegiance to the same; that I will take this obligation freely, without any mental reservation or purpose of evasion, and that I will well and faithfully discharge the duties of the office on which I am about to enter. So help me God.）其"国内外一切敌人"（against all enemies, foreign and domestic）中的"国内敌人"，就是从内部搞垮体制的人，这和反"港独"异曲同工。

"民之表""不可不慎也"

近年来，香港社会常常是非颠倒、黑白混淆，有识之士对此忧心忡忡。因为一个社会的风气，关乎社会的未来，而士风关乎民风。孔夫子曰："下之事上也，不从其所令，从其所行。上好是物，下必有甚者矣。故上之所好恶，不可不慎也，是民之表也。"立法会议员既是"民之表"，是"首出庶物"的社会各界精英，其所作所为已不是"个人自由"问题，而是必须维护国家利益、香港利益、香港市民整体利益。你可以享有充分的"个人自由"，也可以不认同自己是中国人，而且大可以到某个海外孤岛搞自己的独立王国；但要加入特区管治团队，就必须遵守国家宪法和基本法。这是起码的底线，也是从政者应守的政治伦理。振法理之纲纪、正政治之伦理，从立法会议员选举开始，选举管理委员会做得非常正确！

"港独"攻校园，陷港于混乱 [1]

　　"港独"入侵校园，向学生下手，形同塔利班推儿童上战场当炮灰。让心智未成熟的青少年，受"港独"意识侵蚀，香港未来将深陷政经乱局，不得安宁。

　　"港独"违宪违法，不得人心。但反对派打着"言论自由""学术自由"的旗号，纵容煽动鼓吹"港独"的言行。更为险恶的是，"港独"魔爪正在伸向中小学，以讨论社会问题为名，引诱天真无邪的中小学生，误信"港独"可行，甚至是香港的必然出路，制造更多"港独"的信众。

　　激进分子制造"占中""旺角暴乱"，一再冲击法治，破坏香港繁荣稳定。"港独"的危害比"占中""旺角暴乱"更深更大。"港独"入侵中小学、荼毒学生的目的，就是图谋令"港独"思潮正当化、主流化。如此，社会意识形态两极化将从儿童开始，香港未来一切政治挂帅，从而失去未来。

　　有研究国际政治的朋友向我表示，"港独"思潮，与英国"脱欧"、苏格兰独立、激进势力崛起，甚至今届美国大选特朗普跑出一样，是在全球化背景下出现的"反潮流"，是未蒙全球化之利、反受全球化之害的一部分人抵制全球化。我不认同这种分析。"港独"与英国"脱欧"、苏格兰独立完全扯不上关系。

　　香港自古至今是中国不可分割的一部分。中国从夏商周，特别是秦始皇统一全国以来，各省都是中央政权下设的"行省"。"行省"，是元朝"行中书省"简称，就是中央政府"中书省"的派出机构，不是美国的 State。State 相当于古汉语中的"邦"。中国不是由一个个"邦"加入而组成的国家，而是中央政

---

① 原载于香港《文汇报》2016 年 8 月 26 日。

府决定划分多少个"行省"。比如湖南、湖北在明朝是"湖广行省",在清朝分成两省,但军政大权还是一位"湖广总督"统辖。

　　回归以后,香港作为中华人民共和国的特别行政区,根本不存在"独立"的可能。香港"独立建国"完全是凭空臆造的"春秋大梦"。不论你承认不承认是中国人,香港是中国的;不论你是"新移民"还是"老移民",要闹"独立",就请离开此地。

人大释法，维护国家和香港核心利益 ①

日前闭幕的中共十八届六中全会，确立了习近平总书记核心地位。这是他十八大就任总书记以来，应对纷繁复杂、艰难险阻的国内、国际各项空前严峻挑战，在党和人民中间自然形成的，是众望所归。什么是领导核心？领导核心就是主心骨。面对"港独"逆流在香港社会来势汹汹、大有泛滥成灾之势，以习近平同志为核心的党中央、中央政府，敢于担当，人大果断释法，在事关香港前途和命运、国家核心利益和民族尊严的大是大非问题上，展现出维护国家和香港根本利益的坚强意志，香港广大市民也感到扬眉吐气。

自 1840 年鸦片战争被迫"割让"香港起，在中华民族追求民族解放、国家富强百年探索中，从戊戌变法到辛亥革命，从五四运动到中国共产党成立，历史一再呼唤一个领导中国人民的"核心力量"。而帝国主义列强恰恰唯恐中国出现一个领导人民的核心力量，千方百计瓜分中国，扶植军阀混战，以达到"分而治之"的目的，企图把中华民族打入万劫不复的深渊。

今天，我们中华民族比近代以来任何时期，都更接近实现民族复兴的目标。正因此，以美日为代表的西方敌对势力，孤注一掷力图阻挡中华民族复兴。回顾近年来国际风云变幻，日本鼓吹"中国威胁论"，"台独"势力图谋分裂中国，美国部署"重返亚太"，不断加紧对中国的围堵。如今香港"港独"逆流愈演愈烈，并与"台独"势力遥相呼应，说明这绝非孤立和偶然现象。游蕙祯、梁颂恒等"港独"分子入侵立法会，就是企图里应外合，从内部搞乱香港，遏制中国发展。

长期以来，香港有些人别有用心、片面强调所谓"三权分立""司法独立"，曲解法律，对"占中"等违法犯罪，采取"高高举起、轻轻放下"的策

---

① 原载于香港《文汇报》2016 年 11 月 7 日。

略，谁若提出异议，就是不尊重法治，就是破坏香港的"核心价值观"。这不能不令人怀疑，有人选择性地落实"司法独立"。如今，若当选的立法会议员，不承诺拥护基本法、效忠中华人民共和国香港特别行政区，甚至要把香港从中国分裂出去，那么香港特别行政区都不存在了，还当什么议员？从这个角度看，人大释法正是维护法律的尊严性、科学性、逻辑性。

参照"横琴模式"解决香港公营房屋用地 [1]

住房问题，是香港经济围绕房地产市场运转，这一结构是社会矛盾造成焦点之一。回顾导致董建华特区政府辞职的重要原因，是他推出的每年八万五公营房屋政策，正赶上亚洲金融危机和2003年"非典"叠加影响，而使经济下滑，出现50万户"负资产"。曾荫权一届政府为免蹈覆辙，任凭楼价飞涨而没采取有效措施。梁振英以打压楼价为诉求，五年来从"开发新界东北"，到准备动用公共土地"郊野公园"等，千方百计试图增加土地供应，从源头上纾缓楼荒。但是，前者遭到以抗拒两地融合面目出现的抵制，无果而终；后者遭到以环保面目出现的抵制，举步维艰。

香港不是没有土地，也不是没有可开发的土地。经济学家雷鼎鸣等本港有识之士早就指出问题本质：在这个问题上，房地产商、房地产市场既得利益者与反对派、环保组织等，形成一种默契，不论是增加土地供应盖房，还是打破全港商业用地面积四平方公里的限制，都会有一群人以不同面目顽强抵制。这也是梁振英不为商界接受的重要原因。可以预见，林郑月娥如期当选，若依然不能解决绝大多数市民买不起住房的问题，就会很快失去民意；她若继续在政府公有土地上打主意而推出公营房屋用地，就会遭到商界反对。

要解决这个根本性矛盾，本人建议：参照澳门发展珠海横琴岛的模式，由林郑月娥新一届特区政府向中央政府提出；中央政府同意后，港深两地政府协商论证，在深圳毗邻香港的适当地段，由港府出资租用深圳土地若干年，而由特区政府负责此地管理权，包括房地产发展、居民管理，也就是"深地、港管"。有关具体实施是一项系统复杂工程，本人不赘。

---

① 此文为作者于2017年向全国政协大会提交的提案，原题为《关于参照"横琴模式"解决香港公营房屋用地建议的提案》。

如果这个设想能够实现，特区政府施政局面和特区形势，会发生意想不到的转变。

第一，我们一直坚持的"行政主导"得到强力支持。特区政府拿不出地，解决不了市民基本住房需求，青年人永远上不了楼，特区政府说话就没有底气，也没人爱听；特区政府在中央政府和深圳市政府支持下，向着解决问题的方向努力，就有了号召力、凝聚力。澳门特区政府施政有力，与回归后极大地提高了市民的收入水平、生活水平，有必然联系。

第二，这块地不做发展"私楼"之用，只有政府盖起"公屋""居屋"。年轻人和低收入市民入住其中。他们日常生活资料自然向毗邻的深圳采购，深港融合势不可当。反对派如果仍旧阻拦，就只有失去民心。

第三，切实有助于缓解养老等香港老龄化社会面临的压力。香港居民于内地养老，因为医疗等一系列困难，难以大规模实行。在毗邻的"深地、港管"的此地居住，就避免了这一问题。

第四，此一举措的象征意义或者说影响力远大于举措本身。它对降低新界土地持有者对地价无限升值的预期、遏制香港房地产炒作之风等，都有强烈的警示效果。一句话，它让人们明白，中央政府不允许任何人操弄香港经济进而影响政治，阻碍"一国两制"成功实施；特区政府在中央政府支持下，有能力排除重重阻力，有效实行"港人治港""行政主导"。

深圳土地当然也很珍贵，但毕竟也不是真的没有可用之地。友好协商、科学运作，一定可以达至双赢。

辑四

—————

慈善路

香港，慈善之都 ①

　　一个现代化的国际都会，应具备国际金融中心、文化中心、旅游中心等条件，我想，还应具备成熟的慈善事业等现代社会文明意识。香港，我虽不生于斯，但长于斯、发展于斯。我爱香港，因为她还是慈善中心。

　　在香港，慈善不仅是一项公益活动，更是一项薪火相传的事业。捐赠助人理念深入人心，90%以上的年轻人参与过捐赠；数以千计的慈善组织和团体，尽心竭力扶危济困……涌动的爱心，温暖的真情，为香港这个国际金融中心，打上一抹温暖的底色，奠定了现代社会文明的底蕴。

慈善机构已成维持社会安定第三力量

　　香港的慈善团体有着悠久的发展历史，最长团体迄今已近一个半世纪。本土的民间组织既有符合当地情况的丰富经验，又将西方理论和管理模式进行"过滤"并移植过来，恰到好处地形成了香港特色。"慈善事业不是一门随便的工作"，这一理念扎根人们心灵。当前，慈善机构已成为继特区政府、市场以外，第三股维持社会安定繁荣的强大力量。

　　极具影响力的香港红十字会，现为中国红十字会内一个享有高度自治的地方分会。香港本地较少天灾，香港红十字会以急救服务、关怀老弱、健康推广等为主业，当然参与国际救援也是重要内容。通过红十字会的一些事迹，我们可以看出对生命尊严的捍卫和对弱者的帮扶：1951年，教导荔枝角医院精神病人制作工艺品，是关怀病人服务的雏形；1968年，在慈云山开办伤残青少年宿舍；1979年，设立越南难民医疗中心；1995年，协助社会福利署举办健

---

　　①　原载于《紫荆》2009年5月刊。

康护理课程；2000 年，举办以输血服务等为主题的大型国际研讨会；2007 年 4 月，确立服务核心元素：保护生命、关怀伤困、维护尊严。

汶川地震后，香港的慈善组织迅速活动，仅香港红十字会一家在三个月内就筹集到近 10 亿元善款。2008 年 7 月，香港红十字会在四川省德阳市成立复康及假肢中心。这是 "5·12" 地震后四川首间专为地震受影响人士成立的假肢中心，除了提供复康及假肢服务外，还会提供心理支持服务，并为有关人员提供培训，预计可为区内约 1.1 万名因地震而引致身体残疾人士提供服务。

东华三院是香港历史上最大、最悠久的慈善机构，一直致力为市民提供多元化的服务，包括医疗服务、教育服务及小区服务。至 2006 年，东华三院在全香港设有共 194 间服务中心、5 间医院、53 所学校。东华三院每年都举办多项筹款活动，并设有全年捐款热线。其中每年 12 月与电视广播有限公司合办的 "欢乐满东华" 是最重要的筹款活动，该节目创办于 1974 年，被吉尼斯世界纪录大全列为全球最长寿的电视慈善筹款节目。我喜欢参与他们的慈善活动，已连续两届担任总理。

香港赛马会是香港第三大慈善机构，每年的慈善捐献仅少于东华三院和公益金。这个传统意义上的博彩活动在香港已超越了娱乐层面，成为丰厚社会福利的重要基石。自 1915 年开始，马会每年均拨捐善款，资助各项有意义的公益慈善计划，惠泽社会。海洋公园黄竹坑入口，向南朗山方向就会看到一个蓝色的海马标志。这个海马就是代表 "海洋" 和 "马会"，海洋公园是由赛马会拨捐的。马会援建的香港科技大学，为香港培养了大量的科研和商业人才。科技大学发展至今，已成为世界级大学。

香港有上千个慈善机构及慈善信托，仁济医院、博爱医院、保良局、香港乐施会、香港世界宣明会、香港无国界医生、护苗基金、香港青年协会、香港两栖及爬虫协会等，涵盖范围遍及社会生活的各个方面。

慈善文化展示最成熟的华人社会

"留财予子孙，不如积德予后代。" 香港众多慈善家无论出身如何，均身体力行着中华传统美德。

根据胡润慈善榜，靠地产建筑和酒店起家的余彭年是中国最慷慨的慈善家。他自 1981 年起，投身社会慈善福利事业。2003 年 11 月 24 日，余彭年在人民大会堂召开了一个隆重的签约仪式，这一天，他向外界承诺，要为西藏、内蒙古、甘肃、湖南等九个省、自治区的贫困白内障患者提供免费治疗。"我要用 5 亿元分 5 年时间，免费治疗 15 万到 20 万白内障患者。"

人称何伯的何英杰，是香港烟草有限公司创办人。1983 年，何英杰创办"良友慈善基金会"，1994 年成立何英杰基金会有限公司，捐出金额数以亿元计，主要帮助香港普罗大众及国内同胞，他捐助大量金钱，但却从不求名，亦不会出任慈善机构的主席等职务，他会每年定期向东华三院捐款。1991 年华东水灾，他曾捐款 1 亿港元予灾民。内地很多重点高校和中学都有以邵逸夫命名的建筑物。自 1985 年伊始，邵逸夫在中国内地陆续巨额捐献，尤其是资助办学。现时受惠学校及教育项目近 5000 个，包括 50 所大学。迄今邵逸夫累计向内地捐赠款物达 25 亿港元。邵逸夫于 1975 年成立香港邵氏基金，屡屡大额捐赠予世界各地的教育、医疗或其他福利事业，总捐款额已超过 32 亿港元。在 20 世纪 80 年代，邵逸夫就已经捐出 1.1 亿港元为香港中文大学兴建逸夫书院，现时香港中文大学、香港理工大学、香港大学、香港城市大学、香港浸会大学都有邵逸夫资助的建筑。1990 年，中国科学院特地将他们发现的 2899 号行星命名为"邵逸夫星"。2005 年，他更成为"中华慈善大会"首批"中华慈善奖"得奖者之一。除了捐助内地的医疗和教育外，邵逸夫亦曾于 1985 年出资 1000 万元，协助保育敦煌莫高窟壁画。2008 年，邵逸夫获得中国民政部授予的"中华慈善奖终身荣誉奖"。

李兆基捐资办学、曹仁超无偿帮助西部女孩……"取诸社会、用于社会"，不仅是这些富豪慈善家的理念，而且这种慈善文化也深入每个香港市民的心中，香港是慈善文化最成熟的华人社会。

对于普通市民来说，慈善，重在尽其所能。每到周六，走在香港街道上，常可以见到一群年轻的义工，他们拿着一个钱袋和大量小贴纸向途人筹款。当市民投放金钱于钱袋后，这些义工便会将一张小贴纸贴在捐款者的衣服上。这种筹款方式，在香港俗称卖旗，是香港慈善机构筹款的一项独特模式。

香港市民被誉为是"世界上最慷慨的慈善人口之一"。相关调查显示，香港有关机构要求慈善捐款的信，平均每一封可以得到 460 港元的捐款，这比起美国只有 10 美元和英国的 5 美元捐款都高得多。而据香港青年协会 2002 年发表的研究，在 2000 多名 15 岁以上的受访香港市民中，93.7% 的人曾在年内捐款，包括直接将金钱捐给有需要的人士，或通过团体、组织等间接帮助有需要的人。2005 年发生的南亚海啸，香港筹募了约 7 亿港元善款，成为世界之冠；平均计算，每名香港市民捐出约 100 港元，远多于其他城市。

慈善从我做起

慈善是仁德与善行的统一。怀有仁爱之心谓之慈；广行济困之举谓之善。中华慈善总会创始人崔乃夫有极为精辟的概括：什么叫慈呢？父母对子女的爱为慈。讲的是纵向的关系。如"慈母手中线，游子身上衣"。什么是善呢？人与人之间的关爱为善。讲的是横向的关系。什么是慈善呢？慈善是有同情心的人们之间的互助行为。

慈善是一种社会教化的资源和世道改善的力量。德不孤，必有邻。特区政府的开明政策成为港人乐善好施的坚实后盾，如慈善捐款可免税最高至 25%，现已增至 35%，特区政府的收入虽减少了，但却鼓励了香港如雨后春笋般的慈善事业。同时，法规的完善，香港传媒的无孔不入，也让众多慈善团体力争透明化，以增强公众对慈善团体的信心。这一切，使善款源源不绝，形成"善"的循环。

慈善不应单纯理解为对失学儿童、困难人员等特殊人群的支持和帮助，更应视为薪火相传、同尚善行的社会教化，视为星火燎原、共襄义举的精神感召。慈善是一项没有止境的事业，需要你、我、他，一代代年轻人挑起重担。

将心比心，行胜于言 ①

上月底法国 PPR 集团董事长兼首席执行官弗朗索瓦－亨利·皮诺随总统奥朗德访华时，代表皮诺家族表示，将向中国政府捐赠流失海外的中国圆明园文物——海晏堂前大水法中的铜鼠首和兔首，在海内外华人社会引起很大反响。

圆明园被焚毁、园中文物流失海外，是 1860 年英法联军侵略中国、纵火圆明园造成的，中国人以及像法国文学家雨果那样有正义感、有良知的各国人士无不痛心疾首。圆明园流失文物近年来频频出现在国际拍卖场。2006 年澳门何鸿燊先生买回大水法十二生肖之一马首，捐献给国家，受到海内外华人称赞。目前已经回归的十二生肖兽首有五件：牛首、猴首、虎首、猪首、马首，还有龙首、蛇首、羊首、鸡首、狗首五件下落不明；这次捐赠的鼠首、兔首，于 2009 年 2 月由佳士得拍卖行在法国巴黎拍卖，引起国际社会关注和谴责，中国政府也明确表示了反对意见。现在皮诺家族从原持有人手中买下这两件文物，然后赠送给中国政府。国家文物局的代表表示，圆明园十二生肖兽首对中法两国有着不同寻常的含义，历史无法改变，或许我们对历史的解释和理解还有某些差异，但毋庸置疑的是，我们今天的努力，不仅在续写有关历史，也在改变历史。皮诺家族宣布捐赠两件兽首的意愿，又为这两件文物增添了新的含义。

我与皮诺先生份属朋友，皮诺家族属下的 GUCCI 香港公司，多年来一直是香港圣约翰弱视儿童基金会的重要赞助商，为帮助医治困难家庭的弱视儿童做出很大努力。看到从原持有人手中买下这两件文物，然后转赠其祖国，我既不感到意外，亦增对这位企业家及其家族企业的尊敬。

---

① 此文写于 2013 年 5 月 8 日。

圆明园文物被劫掠流失海外，此后至今150余年间经历复杂，不是一句话可以说清楚的，近代以来帝国主义侵略中国，犯下滔天罪行，"历史无法改变"；但是正在发生的，类似皮诺家族这样的"我们今天的努力"，是在改变历史的恩怨，赋予这两件文物以两国人民重归于好、携手共创人类和平美好未来的含义。

这件事使我看到皮诺先生及其家族对商业文明的发扬。当一个企业完成了创业阶段，获得了极大发展，跻身跨国企业、跨国财团，它追求的不但是财富的叠加，而是对社会、对世界的人文关怀。人类文明的发展首先是物质财富的提高，然后是在此基础上开始的"文化"，因为有"文"，使人类从一般动物之中"化"出来。财富的丰富除了使自己在物质上更加富有，就是使人类更加"文化"。衣、食、住、行，本来是"食"第一，就因为人类"文化"了，穿衣遮羞后来居上，反而使"饿死事小"了。这些文明的真谛，不少企业界人士忘了。皮诺先生积极致力于社会公益事业、慈善事业，体现了企业家应有的崇高精神境界。

其次，让我看到他对中国人民的民族感情、中华文化的尊重。历史无法改变，但现实是我们创造的；皮诺财团是佳士得公司的控股企业，但通行商务规则不能不遵守，而他自掏腰包买下这两件拍品。他选择的道路不是将错就错，让历史的伤痛继续发酵，而是对历史勇于承担，并表达了对两国人民相互友好的期待；他采取的商业行为不是"在商言商"，购下拍品等待升值，而是交还给中国人民，表现的是对历史文化的敬畏；还可看出他将心比心，尊重中国人民的民族情感。这一举动值得内地、本港及海内外企业家中的有识之士学习，也值得持有圆明园文物的收藏家借鉴。

行胜于言，尊重他人的人必会赢得人们的尊重。向皮诺先生致敬！

慈善报告

国务院扶贫办：

光彩明天儿童眼科医疗集团，积极响应中央关于扶贫攻坚的动员号令，主动请缨参与医疗扶贫，开展为贫困地区儿童送光明活动，这一活动得到刘永富主任的大力支持和有力指导。医院根据刘主任关于"步子要稳、工作要实，先试点"的指示要求，在陈洪波处长的具体协调下，于 10 月 15 日正式启动救治贫困地区视力低下及斜弱视儿童试点工作，至 12 月 10 日，试点的第一阶段工作——义诊筛查、建档立卡已告完成。光彩明天所属的八家医院分别对口八个国家级贫困县：

1. 北京医院——河北滦平县
2. 武汉医院——湖北大悟县
3. 新疆医院——新疆墨玉县
4. 西宁医院——青海海东市乐都区
5. 广州医院——贵州台江县
6. 济南医院——山东沂水县
7. 沈阳医院——辽宁康平县
8. 成都医院——四川宣汉县

八家医院累计筛查 4—14 岁儿童 27631 人，确诊视力不良儿童 9447 人，其中弱视儿童 1972 人，弱视发病率 7.1%。确认贫困家庭的儿童患者工作正在进行中。

在义诊筛查阶段，我们主要做了三件事：

一是精心准备。公司成立了以冯丹藜董事长为主任的扶贫办公室，作出《关于开展精准扶贫——为贫困地区儿童送光明行动的决定》。10 月 18 日召开电话会议，冯董事长亲自进行动员部署，各医院按公司计划，组成医疗队，进行专门培训。全公司上下统一了思想，凝聚了力量，形成了讲政治、顾大局，扶贫攻坚做贡献的浓厚氛围。

二是精准筛查。八个医院抽调精兵强将、配备最好的仪器设备，组成了八个医疗队，由各院院长带队，奔赴八个贫困县，深入85个乡（镇）、153所学校幼儿园进行视力检测，对检测出来的视力不良儿童，按照统一制发的表格进行分类登记，建立病历档案。这次筛查力求做到覆盖面大、诊断准确、登记齐全，为后续治疗奠定了基础。

三是精确宣传。公司明确提出医疗队除筛查诊疗之外，还要肩负起宣传的责任。第一，要大力宣传中央的扶贫政策，让老百姓真切感受到党和政府的关怀和扶贫攻坚的决心力度；第二，要大力宣传护眼防病知识，营造科学用眼，自觉护眼，推广三岁开始每年查视力、六岁后半年查视力方法，争取做到早发现、早防早治的浓厚氛围。医疗队所到之处，支起宣传板、开设小讲台、现场咨询互助，收到了很好的效果。

这次试点工作得到了相关县扶贫办及教育、卫生等部门的大力支持和帮助。虽然这项工作还刚刚起步，时间不长，但我们已深深感受到它的意义和价值。再根据我们15年来对老、少、边、贫地区577个县、区筛查的经验和结果及河北志愿者李华对滦平县的普查情况，贫困地区的孩子视力状况不容乐观。根据这次八个试点县的统计结果，贫困地区的发病率，远高于全国平均4%发病率的水平。主要原因是当地医疗资源缺乏，专业人员少，科学爱眼护眼知识不普及，发现了问题也不能及时科学地治疗，甚至有的配错了眼镜，导致视力进一步恶化。今年10月19日，国家教育部、卫计委、体育总局三部委联合下发《关于加强儿童青少年近视防控工作的指导意见》，这更加坚定了我们在国家精准扶贫的总战略之下，国务院扶贫办的支持和指导下，通过送医下乡，救治视力低下和斜弱视儿童，为扶贫攻坚尽一份责任的决心和信心。

下一步的工作，主要是在前期义诊筛查的基础上，迅速组织对筛查出的1972名儿童治疗救助，确保治疗效果。主要采取两种形式：一是请患者来光彩明天儿童眼科医院住院治疗；二是在贫困县设临时医疗点，方便孩子们边上学边就近接受治疗。从目前情况看，借鉴白内障光明快车的经验，建流动医疗点，送医下乡是切实可行的，受群众欢迎的办法。目前，广州、济南、新疆、西宁四家医院已经在对口县或我们院中开始了治疗，其他医院也已做好相关准备。截止到 12 月 10 日，四家医院为 81 名建档立卡的斜弱视儿童进行了治疗（略）。

几点建议：

1. 建议将救治视力低下及斜弱视儿童纳入精准扶贫健康帮扶计划。

2. 建议在前期试点经验基础上，尽早下发正式文件，明确政策要求，便于具体操作中扶贫办更好地与教、卫、体等相关部门统筹协调，对接落地。

3. 建议各县扶贫办分工专人负责"精准扶贫——为贫困地区儿童送光明行动"这个项目，以便工作对接。

4. 建议尽早协调落实贫困家庭斜弱视儿童视力筛查和救治经费，包括经费来源、救助标准、拨付渠道等。光彩明天儿童眼科医院只收取成本费用（含筛查）。

光彩明天儿童眼科医疗集团

2016 年 12 月 13 日

精准扶贫——为贫困地区儿童送光明活动筛查人数

医院	筛查县市	筛查人数	视力不良人数	弱视人数
北京医院	河北省滦平县	1235	569	346
新疆医院	新疆墨玉县	1916	180	91
西宁医院	青海省海东市	4900	1489	85
广州医院	贵州省台江县	1307	869	436
济南医院	山东省沂水县	592	127	55
成都医院	四川省宣汉县	9807	3719	711
沈阳医院	辽宁省康平县	7036	2131	122
武汉医院	湖北省大悟县	838	363	126
合计		27631	9447	1972

注：视力不良儿童占总儿童数的 34%，弱视儿童占 7.1%。

精准扶贫——为贫困地区儿童送光明活动
对口筛查乡镇、学校汇总表

医院	对口扶贫县	筛查乡镇		筛查学校数
		乡镇数量	乡镇名称	
北京医院	河北省滦平县	9	滦平县城、长山峪镇、金沟屯镇、虎什哈镇、安纯沟门镇、火斗山乡、小营乡、西沟满族乡、两间房乡	20
新疆医院	新疆墨玉县	1	墨玉县城	3
西宁医院	青海省海东市乐都区	10	乐都区、城台乡、共和乡、达拉乡、马厂乡、碾伯镇、瞿昙镇、雨润镇、高庙镇、洪水镇	10
广州医院	贵州省台江县	8	台拱镇、方召镇、革一镇、南宫乡、排羊乡、老屯乡、施洞镇、台盘乡	10
济南医院	山东省沂水县	19	黄山铺、崔家峪、泉庄、夏蔚、开发区、高庄、院东头、许家湖、四十里、龙家圈、沂城街道、官庄、杨庄、圈里、马站、诸葛、沙沟、高桥、道托	21
成都医院	四川省宣汉县	23	东乡镇、樊哙镇、土黄镇、漆碑乡、华景乡、南坝镇、上峡乡、凉风乡、峰城镇、观山乡、桃园乡、三河乡、芭蕉乡、下八乡、天生镇、君塘镇、明月乡、双河乡、马渡乡、普光镇、厂溪乡、老君乡、胡家镇	63
沈阳医院	辽宁省康平县	8	二牛镇、小成子镇、方家屯镇、东关镇、郝官镇、海州乡、柳树乡、东升乡	16
武汉医院	湖北省大悟县	7	大悟县城、吕王镇、宣化镇、河口镇、四姑镇、新城镇、夏店镇	10
合计	8	85		153

附一
冯丹藜，关心所有孩子的眼睛 [①]

冯丹藜，出生于北京，后移居香港。全国政协委员、湖南省侨联副主席、圣约翰爵士香港儿童弱视基金会会长、香港新青年出版社董事长。

3 月，来自香港的全国政协委员冯丹藜女士仍然在为她的提案奔走，她关注的是中国少年儿童的眼睛健康。不只是大声疾呼，冯丹藜身体力行，15 年来已在全国创办 8 家儿童眼科医院，走遍了 577 个贫困县，总共治愈国内外 11 万名眼病患儿。

没有药房和手术室的医院

一个周六的早上，《生命时报》记者来到北京万寿路附近的北京光彩明天儿童眼科医院，看到一些家长带着孩子早早来这里治疗，无论治疗室还是检查室都没有哭闹声。院长李志升教授走下楼，一个小男孩立刻上前抱住他的腿，笑着喊："爷爷！爷爷！"李院长微笑着摸着他的头，亲切地和他打招呼。男孩的父亲告诉记者，孩子五岁，是一名弱视患儿，在这里治疗六次了，视力由之前的 0.3 提高到 0.8，全家人都特别高兴。尤其让家长欣慰的是，整个治疗没有丝毫痛苦，孩子来看病都是开开心心的。

17 年前，冯丹藜还没有走进医疗慈善事业，只是个兢兢业业的商人，打理着内地的地产和商城生意。2000 年春节前，一场商城发生的火灾让她警醒，"赚钱就是人生的全部意义吗？为赚钱活得这么累，是否值得？"认真思考过后，冯丹藜毅然卖掉内地所有产业，开始寻找新方向。

2001 年夏天，冯丹藜陪朋友带孩子到北京一家空军门诊部看眼病。在那

里，她看到好多蒙着一只眼睛的孩子，头一次听说了"弱视"这个病。她得知，全中国大约有1200万患儿，相当于香港人口的两倍。这家门诊部有一位名叫李志升的医生，是我国飞行员视觉标准的制定者，从事儿童弱视研究30年，他发明的一项新技术能解决这个眼科难题。获此信息，冯丹藜十分兴奋。经过反复调研，在全国妇联的支持下，她斥资于2002年建立了全国第一家致力于儿童眼科公益事业的医院——北京光彩明天儿童眼科医院。此后，武汉、乌鲁木齐、西宁、广州、济南、沈阳、成都等七个城市先后成立了这样的眼科医院，年门诊量超过1.2万人。从此，很多孩子的人生得以改写。

北京光彩明天儿童眼科医院以治疗儿童斜视、弱视和近视为特色。医学界有句玩笑话："金眼科，银外科，谁也不去小儿科。"意思是说，眼科是最挣钱的科室，儿科最不好干。而在这家儿童眼科医院，一没有药房，二没有手术室，注定不是一家能挣大钱的医院。

暗室里摆着世界独一无二的设备

弱视，被称为儿童视力的头号杀手，在儿童群体的患病率为3%—6%，一直是眼科界的难题。它是孩子视觉发育障碍造成的视力不良，即使配戴眼镜也达不到正常标准（0.9）。弱视患儿的视细胞和视觉传导通路长期得不到刺激，会不断衰退；若得不到有效治疗，视力会永久低下，并且没有立体视觉，严重妨碍患儿的学习生活，影响孩子一生的前途、命运和生活质量。多年来，全世界没有找到有效的治疗手段。光彩明天儿童眼科医院采用李志升教授研制的"自动变频激光弱视治疗仪"，却让很多孩子摘掉了厚重的小眼镜，看到了清晰、美丽的世界。

《生命时报》记者走进弱视治疗室，在黑暗的环境中，多名儿童靠墙端坐一排，每个孩子对面约2米开外的地方，有个仪器发出闪烁的红光。孩子的一只眼睛盯着红光，另一只眼被遮蔽。李院长介绍说，红色是眼睛最敏感的颜色，用适当波长和频率的红光刺激患眼，有助于重建整个视觉通路，从而治愈弱视。每次治疗，患眼照4分钟，10次为一小疗程，4个小疗程为一大疗程，中间需要复查并进行个性化的调整。目前，国内外有11万名弱视患儿接受了此治疗，治愈率达到96%，有效率为99.8%。不打针、不吃药、不手术，没有任何痛苦。这项技术获得了多项科技进步奖和国家发明专利，并且受到美国、欧盟、日本等十几个国家和地区的知识产权保护。2012 年，美国知名儿童眼科专家、贝勒医学院大卫·K.瓦里斯教授来到北京光彩明天儿童眼科医院进行学术交流，对这项治疗的治愈率感到非常惊讶，给予高度评价，并希望能推广到欧美。

"原来米饭是一粒一粒的"

有个湖北的 15 岁女孩，人长得漂亮，学习成绩也一直名列前茅，学校查视力，竟然发现一个眼睛严重弱视，视力只有 0.01。一家人顿时崩溃了，看了多家医院也无效果，女孩天天以泪洗面。一个偶然的机会，他们听说了光彩明天儿童眼科医院，抱着最后一线希望过来求助。一个疗程过后，女孩的视力竟然从 0.01 恢复到了 1.0。后来，她考上了暨南大学，还在学校的选美比赛中获了奖，当上了兼职模特、考取了会计证。

冯丹藜说："我也是做母亲的，见不得那些孩子受苦。"有的孩子因为复视，分不清米饭和馒头，直到眼睛治好了，才知道，"原来米饭是一粒一粒的"。还有的孩子因为视力差，经常打翻东西，或者走路老摔跤，被家长认为淘气或愚笨，不但常被责骂，还受到其他孩子的欺凌，性格变得暴躁易怒或自闭自卑。

几年前，一对夫妇带着一个小男孩来看病。医生拿着一支笔，问男孩看到几支，男孩回答说"两支"，站在一旁的母亲"啪"地扇了孩子一个耳光："你又胡说！"男孩没哭，还一脸不在乎，因为他为此已挨过无数打了。这时，医生责问这对父母："你为何打孩子啊？你们的孩子确实看到的是双影。"听到医生的话，打孩子的妈妈一屁股坐在地上哭了起来："哎呀！这么多年我们错怪孩子了，孩子受委屈了。"后来，经过医院的精心治疗，男孩的视力有了明显改善。离开医院前，一家人"扑通"一声跪在冯丹藜面前，感谢她和医院救了孩子。每每回想起这些，冯丹藜都觉得，自己这条路选对了，再苦再累也值。

自打创办眼科医院，冯丹藜特别爱听孩子们的吵闹声，"每个初次来看病的孩子都很老实，一脸的不开心；治疗几次后，他们就开始上蹿下跳，楼梯扶手上的小装饰好多都被抠掉了。我却特别高兴，因为我知道，他们能看清这个世界了！"

帮助别人是天大的福报

40多年前的一天，香港街头正为非洲难民举行募捐，正在逛街的一对夫妻当时就把身上所有的钱掏出来放进筹款箱，不留名字就离开了。这对夫妇告诉身边的女儿："我们生活得很好，可是世界上很多人还在受苦，我们应该惜福、感恩，尽自己所能帮助他们。"几十年后，这个名叫冯丹藜的女孩长大了，她深深记得父母的一言一行，也继续践行着这一慈善理念。

我国青少年视力不良率居世界第二，人数居世界之首，且呈上升之势。冯丹藜意识到，要想扭转这一局面，光靠几家医院是不够的，必须提高全社会对这一问题的重视。她利用自己在香港的人脉，把很多影视明星，如成龙、甄子丹等请来内地，开展各种宣传活动。"只有让更多的人掌握眼科常识，才能尽早发现孩子眼睛的异常，及早干预。以弱视为例，治疗的最佳年龄是12岁前，如果发现得晚，治疗难度就会加大，疗效也会降低。"冯丹藜说。

2013年当选为全国政协委员后，冯丹藜每年的提案都包含关注儿童视力的内容，得到了多位委员的积极响应。除了立足医院所在的城市，15年来，冯丹藜还免费救治了多个贫困地区1.1万名眼科患儿。四川阿坝一名藏族女孩在来信中写道："我六岁时，妈妈发现我看电视总是凑那么近，上体育课总是摔跤，可是家里没钱给我治眼睛，为此妈妈非常内疚……我很幸运来到成都光彩明天免费治疗，我的视力上升了很多。我可以看清妈妈的脸，阅读自己喜欢的书了！"

面对无数感激的泪水，冯丹藜却认为，自己才是最幸运的人。"每次走进那些贫困家庭，他们清澈的目光我简直都无法直视，我觉得自己做得微不足道。我生活得很幸福，又有能力去帮助别人，这是天大的福报。"

附二

大爱行天下 ①

冯丹藜拥有一长串闪耀的荣誉和头衔，问她最在意哪一个，她回答"我最主要的身份是一个普通香港公民、一个中国人"，多么响亮的回答！

作为企业家，她巾帼不让须眉，在商海打拼 20 余年，既受益于祖国改革开放带来的巨大机遇，也为推进国家改革开放的伟大进程做出了贡献——她在湖南创办企业推动了当地投资环境的不断改善。

作为一名女性，她美丽优雅、睿智善良、坚强独立，更为可贵的是充满社会责任感、拥有无疆的大爱——她在北京创办的光彩明天儿童眼科医院，正在祖国内地蓬勃发展，已经改善了过万名弱视儿童的命运，将来的受益者还会更多。

作为一名港区全国政协委员，她爱国爱港、尽职尽责、积极参政议政，在适时发表政见文章的同时，还用实际行动推动两地的发展。她多次组团到内地考察访问；在香港深入小区参与慈善义捐，为保护东华 140 年的文化古物，带头出资成立"东华三院档案及历史文化基金"……

打开人生三重门

冯丹藜喜欢写文章，她说写作是深思反省、自我升华的最好方式。在香港有许多著名文人、报人、时事评论家、武侠小说家，如金庸先生以及国学大师饶宗颐都是她的忘年交。

作为香港新青年出版社董事长，她主持出版了多部书籍，还将内地知名文摘杂志《读者》引入香港，改成彩页印刷繁体版，增强可读性、趣味性，成

---

① 原载于《中华英才》。

功地让香港读者接受了这本来自内地的刊物。但这并不是她工作、生活的主旋律。

英国励志学大师塞缪尔·斯迈尔斯曾写过一本名为《命运之门》的书，他在书中阐述：工作是最好的老师！它迫使一个人和现实打交道。我们如果研究名人传记就会发现，那些最伟大的人，就是工作中最勤奋、最刻苦的人，是孜孜不倦努力的人，是具有顽强拼搏精神的人。这段话就像是对冯丹藜的概括。她不愿做温室里花朵般的巨贾千金，而渴望生命的底色如七彩阳光一样灿烂，更希望能打开不同的命运之门，在每扇门后创造出不同的风景。

冯丹藜大学毕业后主动向父母请求弃文从商，开始了创业生涯。这并不是一时心血来潮，而是其父母创业成功的经历深刻地影响了少年时代的她。

冯丹藜把她的创业经历分为三个阶段，每个阶段都有不同的收获！

初出校门，就入商海，学习做生意。她先从家族生意做起，主要是纺织品的进出口贸易。据冯丹藜回忆，她的父母很早就在内地投资。1978 年以后，她便跟随父母到内地勘察市场。当时各方面条件都比较差，但机会也比较多。"住酒店之前还要办临时户口，那是一个阶段，跟着爸爸妈妈一起干。"

"第二个阶段就是自己独立创业。"1986 年，冯丹藜决定独立门户，自组公司。她是一个很有性格、也很有主意的女性，不想一直跟着父母循规蹈矩做家族生意。"从做人的角度而言，每个人都应该有自己的使命，完成好一个独立人格的使命很重要。"那个时候的冯丹藜满心正能量，想为社会做点贡献。她十分注重人的内在涵养，继承了父母"做生意先做人"的商业伦理。"当时从有关政策到软硬件环境都不健全，也没有经验。我们也是跟着政府一起摸着石头过河。"经历了诸多波折与考验的冯丹藜回忆说，"在独立创业的过程中，自己确实对父母所说的'做生意先做人'这句话有了更深刻的领悟。"

磨难，是试金石，也是分水岭。有人面对磨难，举手投降；有人面对磨难，后退不前；有人则把磨难踩在脚下，登上了人生的高峰。冯丹藜是第三种人，在经历了随父母创业、自己独立创业两个阶段后，她登上了人生创业的新高峰——不是物质意义上的，而是人生境界！

"第三个阶段我选择了值得。"冯丹藜说，"我开了全世界第一所治疗儿童弱视的眼科医院。这是我一直在寻寻觅觅最值得用心用力去做好的事业。"家庭环境的影响和良好的教育，使得冯丹藜身上少有商人的功利，因此她被商界同人称为新时代的"儒商"。追求一种"超越个人成功的事业和超越赚钱主义的生意"是她的梦想。如今，她找到了这个事业，并且用生命全力来书写。

敢拼敢搏创业人

"从来没有那么波折过，吃的最大的苦就是在那十年，磨难、心里的煎熬。"这是冯丹藜对自己第一个十年创业的一个概括。

从 1987 年开始，冯丹藜先后在中国香港、法国、中国内地投资、搞实业，迄今为止，旗下已拥有多家企业。

1990 年，冯丹藜开始在湖南株洲投资。为什么选择株洲？很多人误以为冯丹藜的祖籍在湖南。对此，她笑着说："其实我的祖籍是北京，与湖南结缘完全是机缘巧合。"

当时她到内地投资时，首选城市是上海，但是期间她遇到了湖南负责招商引资的领导、湖南省株洲市市长。经这位市长的详细介绍和诚恳邀请，冯丹藜改变了想法：湖南当时发展的确比较缓慢，就紧迫性而言，湖南比上海更需要投资。考察中她了解到，株洲是全国著名的工业城市、南北往来的交通枢纽，改革开放后外商络绎不绝，但"当地连一个很好的酒店都没有，怎么能够留住人（投资商）呢"？这正是潜在的商机。

因此，她决定在株洲投资兴建一个酒店，投资 2 亿多元，在株洲这个中等城市建一座 36 层高、国际标准四星级的酒店。当时，不但在该市史无前例，在湖南全省也是独一无二。年轻的冯丹藜有如此的见识和气魄，一时成为商界佳话。

"后来，台湾一个做酒店的朋友笑我，说，'你这一辈子最恨谁，就让他去做酒店。'"实践让她深刻领悟了这句话的滋味，从搬迁遇到钉子户，到因为搞不清楚市长、书记官职大小而得罪人，林林总总，烦不胜烦。"后来变得越来越艰难。"她回忆起那段苦涩时光，感慨万千，"那时的投资环境跟现在没法比。"

艰难面前，她没有退却，而是迎难而上。

她认为那些艰难与挫折都是对她个人的考验，是人生课堂里重要的一课。"如果没有那时艰难，我也得不到锻炼，永远跟在父母身后躲避风浪，就没有今天的成熟。"

克服重重困难，酒店终于开业。"那时候乱得不得了，管理没有一个既定的法规可循，什么都是对，或者什么都是错，我们只能和政府一起摸着石头过河。"她回忆开业时，街道、工商、税务等各路人马全来了，有的甚至天天来，"我一天到晚都在交钱，交得不清不楚，甚至包括莫名其妙的'空气污染费'……当省领导了解到这些情况后，及时采取了措施，给酒店等五家企业定为'省级重点保护单位'，才有了转机。"

就这样，她坚持了十年。能够战胜这些困难，她将其归功于父母的教育和年轻时候的理想。她不断提醒自己，办法总比困难多。她笑称年轻时还有些片面的正能量，让她克服了一个个负能量的束缚，支持她不断前行。

立志做一名独立创业的女企业家的冯丹藜，经过磨炼和煎熬，逐渐变得成熟起来，考虑问题也深了。突然有一天，她问自己："我在干什么？""收到报表，我看到赚钱时忍不住掉下了眼泪。我需要它吗？我吃这么多苦就是为了它？"她瞬间觉得这完全不是她所要追求的东西，她要的不是这样消耗自己的生活。

就像经历一场修行，顿悟后，她决意抽身。"一旦我想到我在消耗自己，不应该单为金钱付出那么多时，便下定决心要壮士断臂，不再做这件事，决定把它卖出去。"冯丹藜说。

许多人得知她要卖掉这个她倾注了如此多心血的项目时，都很诧异，有人劝她，最艰难的时候都过去了，现在干吗要放弃？

"我一旦做出决定，就很坚定，而且有一种解脱的感觉，我忠实于自己的感觉。"对别人而言，她放弃的是一个正在升值的项目，但对她自己而言，这是一种解脱，收获的是莫大的放松。

大德大爱慈善人

从世俗中抽身而出的灵魂，必有非凡的机缘在不远的前方等待。

等待冯丹藜的是一所与众不同的医院和1000多万弱视儿童。

北京海淀区万寿路，"北京光彩明天儿童眼科医院"的门牌特别醒目，它是世界上首家弱视儿童医院。它的另一个特殊之处是，除了正常收费的儿童弱视治疗外，还为贫困地区弱视儿童提供免费住院和治疗机会。

冯丹藜正是这家医院的创办人和现任董事长。

2000年，冯丹藜陪同一位朋友带其孩子到北京空军弱视治疗中心做检查。在那里，她第一次听说一种叫"弱视"的眼科疾病。

冯丹藜发现，这种儿童常见病，因家长不了解或者对孩子身体的忽视，导致许多孩子不能及时得到治疗，进而耽误了孩子的一生。因为弱视，看不清东西，经常写错字，不能畅快地跑、尽情地跳，爱摔跤，被别的小朋友拒绝一起玩，从而产生自闭，孤僻自卑，影响孩子的发育和健康，为其一生及整个家庭带来极大的痛苦。"所以我一定要为孩子们做些什么，我一定要帮助他们！"她暗自发誓。

接下来的调查，更让冯丹藜大吃一惊：弱视在中国儿童中的发病率高达4%，全国3亿儿童中有约1200万儿童患有此病，贫困地区的发病率更高。"当时香港才600万人，香港和澳门加在一起也没有1200万人。这太可怕了。"冯丹藜回忆说。让冯丹藜难过的另一个消息是，全世界有很多人得这种病，但即便在医疗条件发达的美国，也没有特别有效治疗弱视的方法。她将此事汇报给了时任中华全国妇女联合会主席陈慕华，陈慕华随即组织工作人员和专家进行调查研究。冯丹藜汇报的情况得到了证实。

"找到了问题，就要解决问题。"冯丹藜在调查过程中，从一位医疗专家那里得知，他发明了一个专利技术可以治疗弱视。实践证明，此技术治愈率能够达到96%，有效率达到99%。并且，全世界只有我国拥有此技术的治疗专利。"有了技术还怕什么？"她主动向陈慕华请缨，希望创办一家医疗机构来帮助弱视儿童，她的想法得到了陈慕华和全国妇联领导的支持。她很庆幸自己的医疗事业得到了来自国家和北京市工商、卫生等部门的大力支持。

但有些问题，只能由她自己来解决。

首先是资金投入。为了建好医院，2002年，冯丹藜将自己在内地的房地产项目全部转手。她说："在金钱的世界里，永远没有尽头，直到把自己彻底消耗了，我庆幸我能顿悟……"她还说，自己找到了值得贡献自己毕生精力的事业。"帮人看病收取合理的医疗费，虽然这同样是做生意，但这个生意不是以赚钱为唯一目的的，它远远超过了这个境界，超越了金钱价值的东西，精神上的回报更大。"

医院建成后，冯丹藜发现，医治一名弱视患者需要 46 天，费用近万元，这对于贫困家庭来说，负担太重。于是，她拿出 100 万元，与中国儿童少年基金会发起成立了儿童弱视专项基金，免费治疗患有弱视却没有能力治疗的贫困儿童。

为改变弱视孩子一生的命运，冯丹藜不辞劳苦，带领医疗队常年深入中国贫困山区。十多年间，这所医院已经治愈了 10 万余名孩子，包括救助贫困地区 8000 多名小朋友。

为了满足更多患儿的需要，光彩明天儿童眼科医院先后在武汉、济南、广州、沈阳、西宁、乌鲁木齐、成都落户，开设分院。而且现在还继续拓展。"因为这是在做一件好事，所以能集合一群好人。真可谓是谋事在人、成事在天。"回忆起医院成立时的种种，冯丹藜不无感慨。

"每个人的生命都是有限的，怎样才能使短暂的一生变得更有意义？在我生活的环境里，因为我的存在，能让我的朋友、我的家人以及我的周围，会有什么不同？"每当静下来的时候，冯丹藜就会思考这样的问题，而通过做慈善，她找到了答案。

冯丹藜说："参与慈善活动是我心灵上的一种需要，也是一种消费行为。比如，我手上有 10 万元人民币，可以买一只表，也可以拿出来捐给困难的人，都是在做消费选择，但后者提升了满足感的层次。"冯丹藜认为，慈善是一种福分，帮助别人，更是帮助自己。

因为救助弱视儿童，冯丹藜走遍了祖国的千山万水。"我由此深入认识了祖国大家庭，了解各族人民的生活和基层的情况。如果不做这个工作，我是没有这种机会的。"

"中国儿童慈善家"是来自中国妇联最高机构对她的褒奖，"圣约翰勋爵"则是国际性的，对冯丹藜在公益慈善事业方面卓著贡献的肯定。2009 年 7 月 16日，冯丹藜应邀出席了在北京召开的"中华慈善总会成立 15 周年纪念暨该年度慈善突出贡献奖表彰大会"，大会向冯丹藜颁发了"中华慈善突出人物奖"。

褒奖，还来自亲人、朋友。通过做慈善，冯丹藜找到了自己人生的价值，从意大利学成归来的女儿也加入了她的慈善事业。只要有空，女儿就会和她一起前往贫困地区，帮助当地的弱视儿童。此外，成龙、甄子丹等影视明星、何鸿燊等商界领袖也都加入到了这支慈善队伍中。

爱国爱港政协人

2013 年 3 月，冯丹藜首次以全国政协委员的身份参加全国两会。"作为香港委员，维护香港的繁荣稳定是我们的使命。"长期居住在香港的冯丹藜心系香港的稳定与繁荣。"每一次香港遇到问题时，伟大的祖国都会成为坚实的后盾，金融危机、SARS 等很多困难，香港无一不是在祖国强有力的支撑下平安度过的。"她说，"支持香港是国家的战略考虑。"

就在去年 10 月 1 日新中国成立 65 周年举国欢庆之际，"占中"运动却在香港愈演愈烈。"参与者把同性恋要求立法、增加养老金、哪个地方不能焚烧垃圾等要求汇聚一起，同一天游行。参与者不仅用瘫痪香港中心区域交通的方式阻碍香港政府管理，甚至喊出让特首下台、让全国人大收回普选特首政改说明，一度扰乱了香港的经济与社会生活。"冯丹藜说，港人治港出现问题，一方面是经验不足，另一方面是宣传不够。这是她很早就开始关注的问题，并撰写了很多文章，针对当时最尖锐的问题进行回应：2011 年《能否维持两岸稳定成"大选"关键》《建设"文化强国"，港人可做什么？》、2012 年《"港人治港"需要每一位香港人的共同努力》、2013 年《临渴掘井，好过无所作为》、2014 年《为香港的经济社会繁荣稳定需慎防行为极端化》《实话"公民提名"和"爱国爱港"》《人大当机立断，体现中央保持香港繁荣稳定的历史担当》《"沉默大多数"是决定香港未来命运的"关键大多数"》《"民主化"绝非是"去中国化"，张扬"港独"者将是祸及香港的罪人》《重温"白皮书"助港人更加务实解决分歧》《"爱国者治港"是中央原则，也是基本政治伦理》《政改表决考验政治智慧》《香港不行"三权分立" 中央管治权须尊重》，等等。冯丹藜认为，作为一名政协委员，面对每一个自己观察到的问题，都应该负责任地站出来说话、撰文。她说："我的文章观点都很中肯，不会引起负面效应。因为大家理解我是站在香港的角度，是为香港好。"

除了建言献策，针对香港"占中"问题，她还以《实话"公民提名"和"爱国爱港"》为标题撰文，旗帜鲜明地强调，香港的民主内战不能再耗了，不能成为别人的棋子。"我觉得我们要主动承担使命，要动脑筋，有智慧扭转被动局面；要有担当，该说话的时候不退缩，政协委员是个光环，但不能徒有虚名，要有使命感、敢担责任。"她始终要求自己做到，能出钱的地方出钱，能出力的地方出力，能出点子的地方出点子，该说话的时候说话，要无愧于心。

对于香港的一些先进经验，冯丹藜认为内地也可借鉴。比如慈善事业的管理问题。

冯丹藜曾出任东华三院董事局总理，参与管理香港东华三院。"虽然香港曾被割让过，但是东华三院140多年的历史告诉我们，香港从来就没有离开过祖国，它一直是中国的一部分。"冯丹藜说，它的经验，也可以为内地慈善事业所借鉴。

她说，东华三院起源于19世纪70年代，是香港历史上最久远且规模最大的慈善机构。在经历了140年的发展后，它已经成了香港政府不可缺少的左膀右臂，几乎每个港人都享受过东华三院的服务。140年来，东华三院从来没有在资金管理、项目运行或者资源利用效率上出现过纰漏，这就是科学管理的作用。

冯丹藜认为，从事慈善事业不能求回报，要深怀感恩之心，这是中华传统文化的精髓。你有能力帮别人，这是天大的福报。"如果没有改革开放的大环境，你能成功吗？你有能力帮助他人吗？这是和社会大背景连在一起的。所以，当你成功的时候，一定要回馈社会。有钱的人捐出一千万、一个亿，不足为奇；没有钱的人，他发自内心捐的10块钱，跟一个亿的分量是一样重的。"

作为两级政协委员，冯丹藜坚持走访基层，一方面了解民情民意，以便更好地建言献策；另一方面，通过自己的行动，推动一些实际问题的解决。冯丹藜印象深刻且收获良多的，包括去年董建华带队的广西百色之行和2010年自己组织的云南、湖南之行。

在百色，冯丹藜一行参观了当地的博物馆，在邓小平以及很多陌生面孔的照片中，很多关于百色起义的真实故事，令她感动。她默想着，能不能为他们的家人以及乡亲做点什么。"后来我就跟广西统战部表达了我的心意，就从为有眼疾的儿童免费治疗做起。"在广西统战部的支持下，她已经为广西救助了100个患眼疾的儿童。她将自己的医疗队带到百色，把确诊的孩子从百色带到北京治疗，她期望自己能为先烈的父老乡亲们尽上一份心意。

除了广西，她还多次组团到内地考察，包括湖南、云南、深圳等地。2010年，她曾经作为执行团长，带领一个由香港知名企业家组成的考察团到湖南，她跟湖南统战部商量，希望能给湖南和香港建立一个桥梁。"那一次，周强书记亲自给我们考察团的每一个人都颁发了一个有诚意的、高平台的顾问证书，留下了他们的心，服务帮助湖南的发展。"

2015 年全国两会期间，曾任中国环境大使的冯丹藜带来了一本书——《环境保护知识 365 问》。"这本书出版已经十几年了，我们再版了三次。"冯丹藜说，环境是很大很大的一个领域，它涉及各个学科，和人的衣食住行密切相关。一个人的能力确实非常有限，但如果每个人都行动起来，这个力量就会变得非常大。

2016 年她的两会提案中还有一份关于环保的呼吁，"把环境保护这门科学放到我们孩子正常的基础课里去"。另外还有一份关于重视防治儿童弱视的提案。

"孩子是我们的未来！"冯丹藜说。

这是她提案的出发点，也是她慈善事业的落脚点，更是推动她大爱行天下的根本动力……

辑五
————
短歌行

相信的力量 [①]

相信在大门贴上个"福"字，福就能到家；相信给"小朋友"一封利是，"小朋友"就一年平安；相信在西南"二黑位"放一尊铜饰，就一家人都无病无痛；相信年初一上了头炷香，漫天神佛都会对自己眷顾有加；相信初五前的一切——包括讲什么、做什么、吃什么、用什么、拿什么、摆什么都会对一年的光景影响甚大，所以人人自律、小心翼翼，这几天无论你走到哪里，人们的虔诚、严肃、宽容、祥和让你恍若在另外一个世界，太美太好了！

My God！"相信"真的不得了！可以改变一切，只是好的感觉总嫌太短，如果贪心一点，不是五天，而是 365 天该多好啊……

[①] 原载于《读者》2013 年第 3 期。

现在就幸福 ①

　　"伊丽莎白"茶叙日（我们四个 Lady 自己串的命名），闲聊着，品着芳香的茶，难得放松着神经，莎小姐突然说："真难凑在一起！想当初多自在。想在一起就在一起，那时真幸福……"于是今天的话题就是谈"幸福"了。"那个时候我们多年轻……""以前我们……""如果再过十年……""要是我们将来……"想说的话太多，时间不够用，但到底还是散了，"拜拜了，下次见！"看着她们的背影，笑声还在耳边，只是心里好像蒙上了一层纱，不透亮。

　　我们回忆着过去，不想它溜走，我们谈着将来，又觉得来得太慢，好像我们是永远没有真实地生活在现在，因为现在不是目的？我们永远都在准备迎接着幸福，幸福还没到来？我们的幸福永远在一步之遥吗？不！她们的笑脸告诉我，我们已经把握着现在，每一天都是生活的目的，只是我们根本想不起，只是我们忽视了所有的收获！于是我抓起手机，用最响亮的声音，直接在微信上"按住说话"："亲爱的，别期待，幸福就是现在……"

---

　　①　原载于《读者》2013 年第 4 期。

成 熟①

　　"人成熟不成熟和年龄没有关系"，这是今天收到一封微信的第一句话。"嘿，非常准确的定论，我十分赞同！"成熟不是一件容易的事，得修炼，要在准确确定自己角色的基础上长期修炼，修炼就是要适应角色，不断突破固我，建立新我，但"突破"谈何容易?！因为那是天生的，在小环境形成的，是所谓性格的东西，哪怕经历同样的事，因为"人"的成熟度不同，差异大了去了，这种差异绝非是语言沟通可以扯平的，没有人能打破他人的局限！

　　可是不"成熟"能行吗? 每个人在社会都出演着一个角色，这是天注定的，每个角色都好像走钢丝，成熟人懂得它的风险，珍惜脚下的每一步，满怀感恩的心，随时追问自己"凭什么"命运就让他顺利通过了，"成熟多重要啊"！加紧修炼吧，让我们每天对自己说，为了不让脚下踏空！

---

　　① 原载于《读者》2013 年第 5 期。

向小鸭子致敬！ ①

"一只小鸭水上划，黄黄的脚儿扁嘴巴，走起路来两边摇，唱起歌来嘎嘎嘎"，这是第一眼见到荷兰艺术家霍夫曼（Florentijn Hofman）创作的黄色巨鸭浮在尖沙咀码头时，突然在我心里唱出来的差不多离我有半世纪之久的童谣，半世纪了吗？扳指头数来，真的差不远了，忙学习、忙工作、忙生意、忙生活、忙应酬，繁忙中这首歌我不是老早地彻底地忘了吗？鸭子竟让我还童了?！哈哈！真的让我还童了！何止是我呀，看看周围像人海一样的男男女女、老老少少，眉心的锁都不见了，每张脸像动画片制作出来的一样，都绽放着统一的孩子般灿烂的笑容，他们心里肯定都在唱着童谣。

童心未泯，童心不能泯，快将今天找回的童心珍藏在怀里吧！它带给我们多真实的快乐呀。为了今天的快乐，我向荷兰艺术家霍夫曼和小鸭子致敬！

---

① 原载于《读者》2013 年第 6 期。

乘物游心 [1]

　　"物"是载体，"游心"是目的。一直认为这是多么高不可攀的境界，是多么可望而不可即的状态呀，可能是琢磨的时间久了，慢慢悟出了一点道，甚至好像抓住了其中的那点精神。

　　人的一生纠纠缠缠在"物"间，"心"在何处，我是谁，全都记不生了！这怎么可以呢？但又能如何呢？有办法！我们不是常说，超越自我吗？那就让精神的我抽离我，让精神自由自在，让心灵飞扬起来，飞上头顶那片湛蓝的天空，再俯身审视，大千世界中我在哪里，我在干什么。每当这种时候，我的生活就能恢复状态了，我的心又装满了理想，回到胸中，整个人又变得轻松、逍遥了起来……

---

[1]　原载于《读者》2013 年第 7 期。

"交换"的境界 ①

"交换"是深奥的学问，但也是一种本能。想想儿时的啼哭，想想用橡皮换得玩伴的铅笔，想想一生中最神圣的以君心换汝心的爱情，想想日常里以散银换农家萝卜白菜，想想以努力换得成功，以诚实换得信任。交换无处不在，伴随一生，交换实现着人生的目标，交换创造了生命的价值，人活着就有需要，就得交换下去。

时代进步了，交换需要更高的境界，在满足自己的需要之前，我们要真的懂得对方的需要，我们要真的有把握满足对方的需要，才去心安理得地取回自己想要的，将"满足他"作为新的交换理念。这样我们会大气，我们会平和，我们也会长久地快乐，做永远的赢家！

---

① 原载于《读者》2013 年第 8 期。

我，不要被网络！ [①]

踏上异国的土地，给自己放几天假。城市的风貌民俗，让人颇感新鲜，还有这里的通信不发达！我再重复一次这里的通信不发达！这种感觉太奇妙了，第一时间的反应不知道是好还是不好，因为像风筝断了线，但紧接着几天，感觉就太好了！原来我们的生活不知不觉中已发生了翻天覆地的改变，网络时代让我们头上顶着多少条线路，谁也没数过。像吃垃圾食品一样，只知道咽！咽！咽！不知所云的电话，称您为祖宗，介绍您买车、买楼、买股票，帮您拥有世界；WeChat里哲学家们每天的新作，教您做人；民间高人的艳俗笑话，多得真让您笑不动；晚饭前，大堆大堆的图像食物让您还没拿筷子就已经饱了，还要在计算机前看公文、发 e-mail、收文件……我的天哪！我们彻底地被网络了，不佩服自己都不行，能应付这样的生活，不是超人是什么？

"这里的通信不发达！"我站在街头，慢慢举高双手，不用挣扎，所有线路都松脱，感觉每一条神经都在放松，不被打扰。这种超然，这种自在，这种无程序、无节奏的感觉，让我太美了，我握紧了双手，面向美丽的山水，大声喊出：我，不要被网络！

[①] 原载于《读者》2013 年第 9 期。

写给曾经①

十八岁是青春整点，十八岁时我们在哪里？在做什么？在想什么？和谁在一起？这些都珍藏在我们的记忆里了吗？每天忙、忙、忙！生活节奏快、快、快！如果不是偶然找到几张珍贵的信纸，恐怕我绝想不起要认认真真地回忆我的十八岁。信纸上的字比现在写得认真、端正，非常漂亮，但是抬头上的那个名字，那个人我却怎么也想不起是什么样子了，这是我十八岁生日当天写给伙伴的信稿，因为其中最让我震撼、最让我感动的两句话可以确定是这个日子："十八载春夏秋冬，枉为我鸟语花香，我的生日有什么值得庆祝吗？"

这个问号真的把现在的我问得怔住了！十八岁拒绝为平庸的自己庆祝生日，可是从什么时候开始，平庸的自己心安理得地为生日庆祝又庆祝呢？人的变化很大，但不应如此之大！

十八岁想到的现在还应该想，十八岁追求的现在还应该追求，十八岁是纯的、美的、真的，要找回，一定要找回！要在心里坚守住曾经的高尚，只有这样，即使再过多几个十八年，我们的心仍然是年轻的。向我的十八岁致敬！

---

① 原载于《读者》2013 年第 10 期。

女人的耕耘 [1]

　　金秋到了，一分耕耘一分收获的季节到了，耕耘和收获可以用年计算，也可以用一辈子来计算。这世上任你是谁，都在耕耘自己的人生，分别只在于耕的那块田。"秀外慧中"就是我耕的田。

　　耕是艰辛的，一定是艰辛的！和所有女人一样为了一个"美"字，要花不少心思，"没有丑女人，只有懒女人"。所有女人都不懒，不停地换发型，不停地换护肤品，精心搭配衣衫。最理想的收获是修饰了却让人赞叹你不曾修饰都如此美！但这都是"秀外"，而顶顶重要的"慧中"，才是女人分分秒秒不能松懈的耕耘，要认真看书，要认真学习，要认真经营好自己的事业，要认真管理好自己的情绪，要认真把握好自己的价值观念，要认真守定原则，要认真分配好工作和生活的时间，要认真孝敬父母，要认真爱丈夫，要认真爱孩子，要认真交朋友，要认真关怀兄弟姐妹，要认真帮助自己能帮助的人……女人认真，才能造就自己，才是对自己的珍惜。

　　耕耘吧，让我们一起！

---

① 原载于《读者》2013 年第 10 期。

HOLD 住快乐是一种能力 ①

　　谁都不想烦恼，谁都中意快乐。时常听人说，烦恼是自找的，其实快乐也一样。金榜题名、步步高升、洞房花烛、喜得贵子、亲人团圆……人一辈子能发生多少这种好事呢？其实，日子基本上都是平淡的、简单的，所以和烦恼一样，快乐是需要自找的，但真要找到"快乐"，却需要培养一种能力。特别是在安定的日子里，今天几乎在重复昨天，可是为什么昨天心情好，今天心情有点烦？看看家居没少一样东西，打开存折也没少了一个零，窗外阳光仍然普照着大地，想想远亲近邻，一样各忙着自己，二十四小时内，什么都没有变，只变化了心情。昨天还很快乐，今天为什么不了呢？那是因为我们的情绪，情绪是个莫名其妙的东西，无影无形，但随时在心里左右自己，难道可以随它去？要想快乐，就必须要有控制情绪的能力，让理智像一张过滤网，只让快乐留下。一定要培养这种能力，快乐就会变成习惯，天天快乐的人生，才值得享受啊！

---

① 　原载于《读者》2014 年第 1 期。

因为渺小 ①

2014 年第一天，我决定有一个不同的开头，这个决定着实让我有些兴奋：离开 Las Vegas 到大峡谷。和飞机师肩并肩坐着，他一直嘱咐我向前看，看远处，是怕我紧张吗？那是因为他不知道每年我的空中行程可以和他媲美。我敷衍着他的关心，享受着轻松翱翔的愉悦，可是人生总有那种瞬间，让你不可能嘻哈，让你不可以忽视，让你顽皮的灵魂肃然。

机师技术超群，飞机轻轻点地，我提着相机下来，不以为然，在慢慢减速的螺旋桨轰轰声中，我对机师说："帮我拍张照吧！"就是这张照片呀，让我的心和我的身体一起跌坐在地上。"Where am I？"照相机显示窗中重重叠叠硕大的峭壁下，我找不到自己。螺旋桨完全停住了，突然寂静无声，站在大峡谷的中央，恍若站在另一个星球上。我无法形容，因为任何形容都显得不着边际，面对这样沧桑、霸气的场景，面对着以千年为计量而又高耸入云的沉淀，我突然觉得这一刻的我和照片中的我一样，如此如此的渺小，心底油然升起了一种敬畏。

我仰望着庄严的峭壁，低头问自己：在时光长河中，何为人生？一阵风？一眨眼？一挥手？……可是正因如此，才是宝贵呀，才更要珍惜呀！我举起了香槟，在峡谷中大喊："大峡谷见证，为所有的曾经干杯！"在回程的飞机上我写下：人生，我有一百个理由让你更精彩！

---

① 原载于《读者》2014 年第 2 期。

寻觅"书卷气" ①

经济在飞速发展，电子时代改变着人们的生活，"书卷气"面对成功的傲气、得道的霸气、艳美的娇气、喝死也不输的豪气，显得那么柔弱，那么缥缈，像一缕悬雾，谁也拎不动了！快餐文化，片段阅读让文化成为百米冲刺的健将，目标和形式既明确又简单。简单是好，谁说简单不好呢？一炷梵香、一杯淡茶、一卷好文，斜着、倚着、卧着，还有比这更简单的画面吗？所以，说真话时下其实没有人想简单，谁也不甘心简单，不甘心呐！

纵然如此，面对嘈杂，是否偶然也会有那么几分钟，伸手触碰一下心的深处。虽然时光早已流走，但那一块总是那么鲜活。谁都有过被第一本小说伤筋动骨的经历，谁都有过被第一首诗颠倒陶醉的过去，谁都有过捧着自己喜爱的书和伙伴们掏心掏肺的真情交流……我们都明白书文的力量，可现实中，为什么要让它不屑一顾离我们远去呢？别别别！千万别！我们的肉体什么都不缺，只是内里缺太多书卷气，因为缺才显珍贵，珍贵才要拥有。赶快寻觅吧，让自己有点"书卷气"。

---

① 原载于《读者》2014 年第 3 期。

称一称，很开心 ①

　　每天站在磅秤上，那支指针牵动着我们的心情，"哎呀，胖了！"于是餐桌上就少了几样东西；"哎呀，瘦了！"疼你的人就会开始给你灌一些补品，对女士们来说更简单，"哎呀"就是为了一个"靓"字。

　　可是在职场上，在一生中，我们还知道有一杆秤吗？不知道李嘉诚叔叔体重是多少，但这一杆秤，称的结果告诉大家他的价值是一个财富帝国。当年香港的塑料花并不是只在李叔叔一家盛开，当年香港的房子也并不是只有李叔叔一家在盖，可是这杆秤怎么会称出一个巨人来呢？其实不费解，我真的喜欢这杆秤，让人变得聪明、理性、向上、开心。称一下就知道自己差多少；称一下就找到了下一个目标；称一下就会明白一分耕耘一分收获的道理；称一下就会为公平而开心。因为上天让你得到的都是应得的而不是你想得的，只有努力增长自己的"值"，应得的价值才能高，所以在这杆秤面前哪里找得到"巧"呢？

　　这样称一称，是不是很开心呐！

---

　　① 原载于《读者》2014 年第 4 期。

先学"不说话"①

　　尽管"心直口快"一直是对人的夸奖，可我对"心直口快"还是敬而远之的，"心直"没有"心正"好，我觉得。太直似乎太简单，简单到可以不用心。不用心的人你敢将心交与他吗？至于"口快"，我基本上确定是一种缺点。因为所有"领悟"是不需要语言的，我们体会友情就在良朋的一双眼睛里；我们感觉被深爱就在一个热吻中；跌倒时父亲扶起我们的那双手教会了我们坚强；母亲用伴随我们一生的絮叨让我们沐浴在无言的幸福中……越是深植入心底的感受，越是珍贵的心灵触碰，越是不可能表白，越是言表不清。除非是你未曾获得过，除非是你不介意，除非是你不在乎。如是，这"口快"不让人感觉很寒凉吗？

　　所以我觉得，我们先要学习不说话，再学说话。要把所有美的、好的、温暖的、深情的先收藏于心，然后再来说话。因为这时说出来的话特别委婉，特别温润，特别大气，特别有分寸。所以别再"心直口快"了好吗？让我们慢慢地，用最动听的语言交织出一个和谐美好的心灵世界……

---

　　① 原载于《读者》2014 年第 6 期。

爱"梅西"①

　　一个小球牵动着一个大球，世界突然热闹起来，朋友们都在说足球，抢在赛前给我们这些编外粉丝补课，殊不知说者无意，听者有心啊！一个关于球王梅西的故事令我感动不已，球场上的梅西，阿根廷的梅西，世界的梅西，原来是在那么艰难、那么坎坷中诞生的。他是天才，足球在他的脚下都有了灵魂，但在贫穷和疾病面前却只能无奈，营养缺失令他几乎成为侏儒的事实，差点伤害到几亿球迷的豪迈，可是当初他缺少的就是几片牛肉，只是几片牛肉哇！黑压压的观众席上，非富则贵的球迷，人们怎么从不去关注真的有人需要几块牛肉，怎么从来没有，没有在意他、她、它的健康呢？当球赛在酒吧聚集的球迷欢呼声中开始时，朋友拖我走近电视："快看，这就是梅西！"我的脖子发梗，泪水夺眶而出。

　　在角落里，我发自肺腑地写下一句话："只要有可能，让我们毫不犹豫地点燃一支大爱的灯吧，为了照亮更多的梅西，其实也照亮了自己……"

---

① 原载于《读者》2014 年第 8 期。

一个字的寄托 ①

常说内行看门道，外行看热闹，这次我在台北看京剧，高朋满座当中我看到那些相识和不相识的达官贵人，既没看门道也没看热闹，他们沉浸的是一份亲切，看的是一份牵挂。

我说看京剧，96 岁的尊长认真地摁住我的手，说："在台湾，我们叫'国剧'。"哦，那我们今天看"国剧"，从他的眼里我立刻看懂了这一个字的分量，他说："生旦净末丑，手眼身法步的程序，我们的'国剧'讲究的就是一个严谨。当年在南京带兵，我就要我的将士们去看'国剧'，去看台下十年功、台上三分钟。'国剧'精神，叫一个'好'不容易啊！"尊长低头呷了一口茶，心神好像已不在我们中间，面带微笑像似自语地说："蒋先生也喜欢看'国剧'，可是来台湾以后就再也不看了……起码公开场合不看，在公馆、在电视里看吧……"老人不语，大家忙改变话题。

我顺着尊长刚才的思路想下去，是啊，蒋先生的确也有过非西楚霸王可比的权势，但人生如戏，戏如人生，台上台下都是兵败如山倒。

当国已不国之时，在去国怀乡的情愁中，一板一眼即是一悔一泪呀！好一个"国剧"，寄托了那一代人多少家国情怀啊！……

---

① 原载于《读者》2014 年第 9 期。

这一夜 [1]

从喧嚣的闹市来到西藏，遇到了这一夜！

天全黑了，下着雨，很冷，车子在泥泞的路上蹦着，终于看到了几户人家。可是当司机去问路回来，告诉我们到目的地还有十个小时路程的时候，车子里的我们全都无语了。说，有用吗？在我们被"命运"甩在了这个陌生、陌生、太陌生世界的夜晚！车里我最大，我做出了决定：别走了，就在这过夜！可大家转了一圈答案一样：没有旅馆，没有客栈，没有可住的地方！只有叫果果的朋友上了一个楼梯，十几分钟还没下来，"快上去看看！"大家都紧张起来，可果果下来了，迎面给了我一个 OK 的手势，身后跟着一个壮壮实实的藏族男子汉。于是一瞬间，我脑子里各种画面以从没有过的速度飞转，可是，此刻还能选择说"NO"吗？只好忐忑跟随，可是门一开，看见他们一家人的眼睛仿佛都在问我："担心什么？"我攥着的手放松开来。

清晨，我从睡房出来，准备向他们告别，看见他们还熟睡在厨房、客厅的地上时，我的眼眶湿了，我的心融化了，我拥抱着他们一一说再见。他们笑而无语，可是我强烈地感觉到他们那颗善良的心猛烈地撞击着我。偏远的西藏啊，让我看到人本来就是这样！

真好！我没有错过这一夜！

---

① 原载于《读者》2014 年第 10 期。

事缓则圆 ①

为了"跟上时代的步伐",不被淘汰,我们的生活节奏不断地提速再提速,似乎要和驰骋在钢轨上的"和谐号"一决高下。难得放长假了,为了避开那些着急的人海,决定不远行,只想松一松,静一静。

和三五友人茶叙,茶自然是好茶,关键在这个"叙",随着话题的展开,大家的语速竟然不知不觉地渐渐快了起来,音量也大了起来,敬茶频率也高了起来,加上高山流水式乐曲的古琴、笛子、箫的掺和,我怎么突然感觉心神不自在,这茶也淡而无味了……

回到家中,看着书房壁上"事缓则圆"四个大字,长叹了一声:好一个"缓"字了得!这要花多少工夫来修炼才能获得呀……

---

① 原载于《读者》2014 年第 11 期。

情不自禁，那一刻 [①]

　　我不知道那一刻我是如何拿起了麦克风，不知道何来勇气站在一群名家名角面前开了口，不知道自己唱了什么，只觉得我的十八岁回来了，我的心放飞了起来，我像孩子一样只为了高兴，只为了想唱而唱，我情不自禁放声高歌了……感谢这世界有"艺术"的存在，感谢真的艺术真实地感动了我。现实生活中花样繁复的习俗、潜规则把我们捆绑得越来越入流，越来越识大体。"情不自禁"那只属于童年的冲动，早已离我们而去，可是那一夜我的激情回来了！

　　那一夜我几乎不能入睡。回味，无穷的回味……"情不自禁"，多么单纯的冲动呀！多么高贵的愉悦呀！在那一刻，这世界和我有多少关联？我要在乎谁吗？我的灵与肉亲密地拥抱了，小宇宙好像升起了太阳，那一刻，我对自己好满意……

---

　　① 　原载于《读者》2014 年第 12 期。

新年的豪迈 ①

在星河宇宙当中，地球只是小小的存在，而每天我们只是游走在地球上某一个小小的空间，但我相信人类的能量是巨大的，因为我们的心向着宇宙开放，我们的心装着整个世界。我们祈愿地球上所有珍贵的生命都幸福美满，一个人的声音是微弱的，但我们可以将每个人的心声、祝福和祈愿汇聚在一块，这声音就一定会响彻宇宙，一定会有回音。让我们共同祝愿全人类男女老少身体健康、快乐吉祥！让我们共同祝愿 2015 年世界和平、国泰民安！

---

① 原载于《读者》2015 年第 1 期。

女人啊！把日子过得热闹点 [①]

　　我总想把日子过得热闹一点，我说的热闹包括偶然的喧嚣，但根本上是一种过日子的态度。生活中何曾天天有什么大事，任凭你是谁，过日子都是衣食住行、吃喝拉撒，所以我们要把日子过得热闹点。在这每一个字上寻求欢喜，在这每一个细节上找到乐趣，让日子变得有滋有味、热热乎乎，来善待自己。可是这容易吗？谁没有烦的时候，谁没有恼的时候呢？其实烦恼并不犯忌，只要乖巧地把握住频率和尺度就好，因为如花似玉的美貌，如果每天挤兑着日子，那也毁了容呀！哪张脸能美得过笑容呢？

　　所以关不关自己的事每天都多叫几个好，如果我们能享受来自生活每一个细节的乐趣，如果每遇一事我们先笑一个，这日子不就热闹了吗？

[①]　原载于《读者》2015年第2期。

进步！ ①

习惯了，每年准备翻篇的时候，都会伏案梳理和总结一下自己，做不到"吾日三省吾身"，一年一次的反省确实不敢再怠慢！365 天，很少发生很特别的事，但对比每年的心得，却有着令自己惊讶的差异，时间呀，就是这样无痕地改变着自己。今天笑看昨天，许是明天该笑看此时了。就在刚刚看到去年写的"惜才"篇时虽仍感动，但也长叹：过时了！

我仍然爱才、惜才、求才，但今天的我知道如何"得"才，那就是我有一个好的企业，企业里有好的机制，好的机制能让我的全部员工变成人才、度身定制的人才！不会退化的人才！

思考让我觉悟，觉悟能令人心胸敞亮，如果昨天的我遇见此刻的我定会点赞称"才"吧！嘿嘿！看看案头一年来阅过的文书，感觉到一种收获的欢喜。是啊，学习不会辜负自己，学习着，进步着，认真过着，很好！嗯……的确很好。

---

① 原载于《读者》2015 年第 3 期。

历 程 [①]

　　"心路历程""人生经历"中间应该用什么样的符号连接？用"="号？"+"号？"×"号？可能都是，但我认为"都不是"的可能性更大！

　　相向而行的两个人，同样的瞬间擦身而过，但收获有可能是两种，一种是"经历"，而另一种则是"心历"。身体的"游历"可以是视而不见的经历，也可以是心灵无处不在的领悟，这就是我们人生宝贵的心历！心历的丰满，会让人生更丰满；心历的精彩，会让人生更精彩，因为脚步是踩着心印前行的，心永远向着希望，脚下的路就是金光大道！

---

　　① 原载于《读者》2015 年第 4 期。

4 月遥想 ①

4 月过去还不到 10 天，却几乎每天都是不平凡的大日子，从来被忽略的 4 月，其实真的不容忽略！

5 号，清明节。在慈母墓碑前，放好鲜花席地而坐，感谢时间为我预备好的平静。猛抬头，蓝天那么的深远，我突然想问：妈妈您知道我是家里的第多少代吗？其实我知道，天堂的妈妈答不了我，可能谁也答不了我，答不了我们！上下五千年，我是谁？您是谁？谁是谁？这有答案吗？有……吧！答案：我们是中华民族，我们共同的祖先经历了数不尽的磨难，将今天这样美丽的世界交给我们。就好像墓碑上的妈妈，您走了，可是您却将您的精神全部留给了我，这就是我们家的财富，是我们家的根。没有对古圣先贤的追思，今天何来文明？没有对历史的敬重和追随，今天何来家园？在这特殊的 4 月，妈妈，我心存感恩；先祖，我们都心存感恩。如果昨天我还曾有所过失，令你们遗憾，从今往后，我只会更加自律勤奋，妈妈，因为我不想愧对先祖……因为中华民族五千年的文化需要靠我们来传承！

---

① 原载于《读者》2015 年第 5 期。

小 悟①

　　每每朋友到家来坐，都会客气地说："哎呀，好整洁漂亮的家呀！"听这话有点得意，因为是在夸我的品位呀！家里的工人姐姐回国探视去了，走几天了，我看见窗几有些朦胧，便一边哼着歌儿，一边擦拭起来，波兰的茶具，巴黎的八音盒，意大利的铜像、花瓶、相架、台灯……开始我一边回味一边轻拭着，可是慢慢我急起来了，天哪！怎么平时不曾留意有这么多东西要擦啊？而且不管多小的对象，它都袒露自己，让灰尘均匀地铺满全身，哪怕是一条小小的缝隙！从天花板看到墙壁，再看到地板，我一下坐在椅子上。"一尘不染，my God！"原来这是一个大功劳呀！否则我品位尽失啊！感谢六月的今天，感谢有今天之感悟，对着所有对象我小声告诫："今后再听到赞美时，别忘了和工人姐姐分享哦。嗯，每天都要记住那些助你圆满的人，无论是谁……"

---

　　①　原载于《读者》2015 年第 7 期。

"埋堆" [1]

方言很有趣，有的意境是只可以意会的。如果你不会粤语，那用网络语言来表述，"埋堆"就是融进一个朋友圈子吧。

我很少"埋堆"，因为友情需要用心经营，一个朋友尚且如是，一群，你搞得定吗？我心里答案是搞不定！所以……

事实上，不"埋堆"的朋友关系更公平、更阳光。只有不"埋堆"的朋友，才能相互充分选择，才能为欣赏彼此而默契地握手；只有不"埋堆"的朋友，才不给你埋怨和婆妈的机会，让你精神百倍；只有不"埋堆"的朋友，才能让你看到更宽广的世界，吸取到纯粹的生存营养。仔细想想，是这样吗？

"人生难得一知己。"一，已足矣，如果有"埋堆"的知己，那也太羡煞世人了吧！

---

① 原载于《读者》2015 年第 8 期。

对面是谁？ ①

　　的士最方便，不用泊车。今天乘的士兜了一大圈，司机阿叔诚心诚意对我说："这是最不堵车的一条路……"结果堵得动不了，望着他硕大的背影和喋喋不休的自圆其说，我终于忍不住问了他一句："你是老香港吗？""当然是啊……"老香港会选这条路？沉默，我还能说什么？或者我还有必要说什么吗？一切由他的角色和经历决定，难道我要从启蒙教育开始来改变他今天的所为吗？不必啦，每天路遇上百人，就是上百本人生故事书，看得完吗？所以不要在意是理智的。

　　其实自以为不是陌路人的朋友又何尝不是这样呢？你真的了解谁，谁真的了解你？你能改变谁，谁又能改变你呢？对面是谁？是自己的经历注定他一定要出现的，有选择吗？绝对没有！但是我们能选择是握手还是掉头，这是上天给我们唯一决定命运的机会吧，因为和不一样的人对面，就会有不一样的人生，就会有不一样的事业、爱情和家庭……只是我们有足够的智慧握住该握的手、选对对面的人吗？

---

　　① 原载于《读者》2015 年第 9 期。

大小之间 ①

朋友带着可爱的小宝贝来了，我递上一个大大的红苹果给刚刚会坐稳的小BB，那肉肉的小手自然是接不住，但他兴奋地拍着小手，眼睛里充满了欢悦，令大人们开心不已。

人的欲望不知道来自大脑的哪一个区位，但是可以肯定，喜欢"大"是与生俱来的。刚刚的这一瞬间似乎像烟花开放，每一粒散落的星点，都好像是一张我熟悉或不熟悉的面孔，有的稚嫩，有的沧桑，但相同的是，他们都曾经告诉过我什么样的人生画面叫作"大"，我会对他们心生敬佩，但却不敢尾随，因为我的自信有限。

我害怕智小谋大的结局会将自己击倒，我害怕力小任重的承担会将我压垮，所以我还是对"小"有把握，喜欢把小小的事情做好，喜欢为小小的成就拍手，喜欢为每一天小小的收获而满足！我就是一个小小的存在。

---

① 原载于《读者》2015 年第 10 期。

爱 ①

"多多爱自己，少少帮助人"是我曾经坦荡荡地真情直白地说出的一句话，引来一群人对我的质疑，他们说这句话要是倒过来说"多多帮助人，少少爱自己"就对了，我想解释，告诉他们爱自己是一件很艰难的事，是要以自强、自律、自尊和克己为内涵的！但是我没有，因为大多数人向着他们，解释会令我孤立，所以没有争论，事情过去了。时光流逝，我不关心那些要倒着说这句话的人们为人间已经献上多少珍爱，他们是否还是初衷不改，但我的见解肯定是坚持下来了，因为它真实，我不想让自己活成一种假象，宁愿守着儿时令我最满足的手捧小人书的感觉，故事里找不到大道理，就是情节引人入胜，篇篇精彩！

一个"爱"字，全世界的人每天都在写，有的用手写，有的用嘴写，有的用心写，而我，要用我仅有的一辈子……写出来！

---

① 原载于《读者》2015 年第 11 期。

用一生成熟自己 ①

  路过报摊，一串红书皮令我恍惚了一下，香港人喜欢看黄历，可是……可不是嘛！深秋 11 月了，人们已开始关心下一年的事了，时间真是过得快呀！快得让人都记不起一年发生过什么事，快得都想不起年复一年的日子有什么不同。时间改变了什么吗？什么都没轻易改变，只是青春会慢慢地离我们远去吧！可是有谁甘心青春离去，特别是白白地！在我们自知自己还不曾那样成熟的时候；在我们刚刚体验到放下的轻松、淡然的满足；在我们刚刚体味到仔细生活的趣味、孤单寂寞的自在！天高地厚还有许多空间要去度量，人情冷暖还有许多章回要去分解！好日子靠一本一本的黄历过不出来，只有成熟自己，加紧修炼，用一辈子！

---

  ① 原载于《读者》2015 年第 12 期。

莫过于做女人 [①]

宇宙何其之大，女人不知道，只知道世界上都是人，而"人"中有一半叫女人，那就是我们！我们因为柔，所以弱；因为弱，所以平凡，但是有没有为我们自豪过？因为再平凡的女人一辈子都会扮演几个伟大的角色，那就是女儿、妻子、母亲、姥姥、奶奶……我们总是做着一个角色盼望着下一个角色，哪怕一个角色比前一个角色辛苦，奈何天底下女人没有不情愿的，倾其青春、年华、美貌、精神和……所有！这就是女人，用毕生在祈祷，用毕生在守护，就是用这看似柔弱的身躯，看似柔弱的手臂，为了心里这块天地的安宁，遮着风，挡着雨，直到永远……

坚强的女人，伟大的女人，精彩莫过于做女人……

[①]　原载于《读者》2016 年第 1 期。

人生靠挺住！ ①

　　有这样一句俗语：人比人，气死人。每次听朋友说到这句话，我都会顺嘴调侃一句：活该气死你，为什么要比！

　　中国有百家姓，每一姓里都有过了不得的人物；中国有十二生肖，每一生肖里都有着辉煌故事的主角，书上写他们、电视演他们、人们讲他们，那都是历史、政治和场面。单从人生的角度，其实无人值得你羡慕，让我们知道的悲喜情仇、乾坤挪移，那幸福和伟大都是肤浅的表面，真正个中滋味，除了您想攀比的那个人，没人能尝得到，笑什么、叹什么、取什么、舍什么、得什么、失什么，哪一个选择不难死人！一生有多少不情愿啊！谁也不能替谁受，就是靠自己"挺着"，挺着不就是苦熬吗？这和我们的人生有什么不同？！

　　我告诫自己不和他人比，我告诫自己好好过自己，都是过客，没有输赢。谁知道明天的阳光如何沐浴自己……呵呵！耳听着惊天或者动地，手捧的一杯香茶却真真实实的，满口余香，沁我心脾……

---

① 原载于《读者》2016年第2期。

想拽住的感动 ①

　　年，匆匆忙忙地过去了，让我心存久久的不舍，我知道那是我拽不住的一种什么什么情结。在我们的传统文化渐行渐远的今天，在我们倍感与现代化接轨的骄傲和与潮流相拥的兴奋时，又或者在我们的生活被古今中西包绞正搞得焦虑无主的时候，只有过中国年，这仅有的几天，才能依稀可见缥缥纱纱的属于我们的传统，才发现我们仍然是炎黄子孙，才感觉精神回到了家园……这是多美好和神圣的时段，先人订下的一、二、三、四、五、六、七，哪天可以干什么，不可以干什么，人人庄严地服从，以人格担保，绝不超越底线，依易经描述的天地阴阳、四时五行、东南西北中；该放的放、该扔的扔，毫不犹疑。又见人人面带笑容，口吐玉珠，珍惜祝福，无比虔诚……只在一年一度的中国年里，"天道"窄现，人人以"诚"对天，感恩祈祷，修身自律，感动之余，让人有安身立命的幸福感！

　　只可惜太短太短，年过了……看着车水马龙的城市和满大街小跑的脚步，除了轻叹……无语。

---

　　①　原载于《读者》2016 年第 3 期。

忙着快乐 [1]

看着桌子上的时间表，脑子里就跳出了这一个字"忙"。1到30，从头到尾理了一遍，落笔想画去几行，但还是犹豫地滑过了框框，不是不可以，而是瞬间的闪念中，我问了自己一个问题：是想忙还是不想忙？……答案：这世上有不忙的人吗？只是手忙、脚忙、心忙、身忙的分别了，所以，我必须忙。

每天的太阳都是新的，像初生的婴儿一样，每天的生活我们都是在尝鲜，人生从头到尾都是一次体验。有机会看看，有机会走走，有机会试试，有机会听听，那是福气呀。我欢喜地告诉自己，用一颗感恩的心，忙去吧。为自己，为亲人，为朋友，为……应该为的缘分！

---

① 原载于《读者》2016 年第 4 期。

春最狂 [1]

攒了足一个冬天，春，以按捺不住的活力迸发出来啦！挣扎、向上、绽开！一股股来自根的力量，让世界瞬间绿了、粉了、红了、紫了……艳了一片又一片……这令人震撼的生命力包围着我。听！我的血液奔腾，心音铿锵，浑身是劲！整整一个冬天啊，风雪凌厉、霜冻无情，那挺拔的枝干，或纤弱的柳藤，忍耐了严寒中的孤寂，熬过了凄冷的时间，终于到了今天！今天来了，还有什么可惧怕？还有什么需要扭捏？还有什么不敢吗？！别再对我说，什么绵啊，柔啊，轻啊，淡啊，那都不是春天！春天是又壮又旺的生命力，春天是自强不息最宏伟的画面，春天是最肆无忌惮的姿态，春天是信心百倍必须赢得收获的信念！

春，是攒出来的！挺出来的！熬出来的！人的青春何尝不是？所以她无论如何不会属于世俗年龄，她只会在不屈不挠的生命里呈现，只要我们坚定地历练自己，任时光流逝，青春将永远和我们同在！

---

① 原载于《读者》2016 年第 5 期。

面子无价 [1]

"面子值多少钱？"第一次听到这样的问话时，哑然，而且很是佩服这样问我的人，因为他捅破了一层纸，直接将一个问号装在我心里。

事隔有时，我们又见面了，我说："还记得你留给我的问题吗？"他显然搜索了一下记忆才接上了我的话，"有答案了？""嗯，面子无价！""……"诧异写在了他的脸上。"面子不是虚荣，不是做戏，它是我们在繁复人脉中经年沉浮的轻重！"

诚信做人，会被尊重，就有面子；君子求财有道得回个"服"字，就有面子；通达宽怀，见贤思齐，就有面子；游历学海，不耻下问，就有面子；己所不欲，勿施于人，就有面子；平淡，不平庸，就有面子；自爱自律自强，就有面子……我考问自己：任其中哪一条你能卖出去还心安？任世间多少钱能弥补万一的缺陷？

所以我给其人也给了自己一个肯定的回答：面子无价！

---

① 　原载于《读者》2016 年第 6 期。

不醉“鸡汤”①

　　不知从何时起，我们人手一个的小玩意，竟成了心灵依赖的神器！每天一打开它，成百上千的心灵鸡汤一起倒泻，直接洗涤不同的灵魂，瞬间陶冶了人们的道德情操，瞬间提升了人们的精神境界。身边突然多了一个个满足于内心丰盛的富人，眼前突然游走出一批淡泊名利的达人！为打扫世道，关爱人心，我真心向彻夜不眠熬制鸡汤的人致敬，因为他们，让人们变得如此的不一般！

　　可是我，先天不醉鸡汤！我知道那样的情操不是我；那样的境界不是我；那样的富人不是我；那样的淡泊更不是我！因为我还在为自己那不怎么了不起的梦想拼搏着、谋划着、计较着、狠撑着……我还有那么多的贪心：想读懂世界，历经繁华，我还没有浓艳地绽放，我还称不上太优秀，我还没有大多动人的时光去感怀，我还找不到属于我的优越感……我还有太多太多的没有！我岂能够我又如何去谈淡泊？！

　　我不欺骗任何人，我向往的是拥有！

---

　　①　原载于《读者》2016 年第 7 期。

选择年轻 ①

　　一个可爱的婴儿呱呱落地了，她呼吸第一口空气，透过还没擦去的羊水，朦朦胧胧看到这个世界的第一眼，就是她人生的第一分钟！"1"的前面是"0"，"1"的后面就开始了她的人生啦！……很快很快，"1"的后面有了第一个"0"，那是她人生的第一个10分钟；很快很快，"10"的后面又多了一个"0"，那是她人生的第一个100分钟；很快很快，太阳下山上山，她有了第一个昨天；一眨眼，现在她已经积攒了差不多200个昨天了！她毫不顾虑地、贪心地，在我们给她的小天地里做着各种各样新奇的尝试，每天的创举都带给我们惊喜！200个昨天已经让她像个可爱的小精灵了！看着她像蓝天一样清澈美丽的眼睛，心里盘算着那些属于她的数也数不清的还没成为"昨天"的时光，欣喜地预感，她将会变成何等智慧的人啊！

　　小宝贝的每一个"昨天"都在向我展示：鲜活的生命魅力！是的，我们已经累积了数也数不清的昨天，可是每一个昨天都好像铁匠手中的一把锤子，捶过来捶过去，用数不清的昨天把我们固定成现在的模样，新奇的感觉迟钝了，尝试的欲望没有了，兴奋和雀跃不见了……可是在未知的大宇宙里，我们也是一个小小的婴儿啊！我们不可以如此这般地，让自己，就这样，木木地……老去！

　　我不干！因为我也还有许多没有变成昨天的时光，如果我也能像小宝贝那样，无所顾虑起来，贪心尝试起来，每天进步起来，我不就年轻起来了吗？原来年轻是对生活的态度，和岁月其实无关……这是足以令我欢呼的感悟！因为我可以，我也必须，就选择这样的生活态度，我要让自己一直一直年轻地活下去！

---

　　① 原载于《读者》2016年第8期。

一张纸和一辈子 [①]

在上海，和同伴一起雨中偶得一次坐的士的机会。

香港口语喜欢把港币叫作"港纸"，上车了，我小声惊呼："哎呀，我只带着港纸！"朋友快速掏出一张："我有，我有。"举起一张红色的"纸"……

司机是一位衣着清爽的老者，片刻似调侃又似自语："人啰，一辈子就为了这张纸……"

"……"和朋友会心地笑笑，搭不上话，只觉得老者很有趣，说话挺幽默，还带点哲理。可是不知道为何，一整天，我耳旁都绕着老者这句话，真的，我从没想过一辈子和这张"纸"的关系，因为太俗气，我们忙一辈子真的只为了这一张纸吗？我们一辈子会花掉多少张？要花多少，想花多少，有谁算过吗？花多少张才够？有够的时候吗？……

全世界的领袖伟人叫它作"经济"，绞尽脑汁地创高 GDP；天下的名人叫它作"财富"，财富越多的人却越努力！到了多得不得了的时候，就捐出去，而更天下闻名。如果有人告诉我，他没有钱，但他拥有除了它的一切！今天以前，我真的会相信！因为我不曾思考，而此刻我会说"办不到"！不管是俗人或伟人，谁的心里不揣着一个梦想，哪个梦想不需要财富来帮助完成，只有踏着财富的台阶，才能一步一步地去圆满我们的人生。

像这个坐在司机位置上的老者，不！是活得明明白白的智者，他坦荡荡地爱财，他一语戳破了我羞于面对的一层纸！谢谢……真心祝愿生活千万别辜负他，因为他还坐在司机的位置上，因为他是"求财有道"的一个尊者！……

[①] 原载于《读者》2016 年第 9 期。

我和东华的偶然故事 [1]

一

1870 年至今，香港东华三院已经近 150 年的历史了，且不说每个香港家庭几代人和她的血肉情感，能将香港人的爱心、善良、仗义、忠厚之所有传统美德凝聚成绵长的年复一年的春风，沐浴香港这个大家庭！这神话般的 150 年的历史，足够让我爱戴不已！

我多荣耀啊，因为我曾是"东华三院总理"！

东华是一个神话！是一个互不相识又命运相连的香港人共同创造的神话！她不是官府的，也不是老板的，祖辈从创办没人能陪她走到现在。她蓬勃的生命力跃动在每个香港人的体魄中；每个香港人揣在怀里的那颗惜福助人的热心就深藏在她无垠的爱土里。母亲在世时，曾认真告诉我——她，一个普通香港人的心愿。我懂的！我做了，母亲是要把属于香港人的慈善文化一代一代传下去啊！"东华文化古迹廊"以母亲的名字命名了。

由此心安！但兴从中来，东华三院的档案让我和中国第一历史档案馆之间发生了巨大的相逢惊喜！

那是从光绪十一年"万物咸利"的一块匾额的来由，开始的真实故事……

二

在数不清的挂匾和墨宝后面蕴藏着多少吸引我的历史故事？让我每次走进

---

[1]　原载于《读者》2016 年第 10—12 期、2017 年第 1 期。

文物馆，找到仿佛少年般的好奇心……悬挂大厅中央的镇馆之宝——"万物咸利"，是光绪皇帝于1885年颁发的金匾，十分大气壮观，我提议将此匾特制成微型纪念品，让所有对东华三院牵牵挂挂的海内外华侨子孙有了一个存放思念和记忆的方寸。微型匾制出来了，精致得不得了，我也喜欢得不得了，于2014年初，赠送了一枚给明清历史档案专家、中国第一历史档案馆前馆长邹爱莲女士，并邀请她参加以母亲的名字命名的"冯凤华纪念文化古迹廊"揭幕。

电话铃响了！忙拿出纸笔准备记录邹大姐的来港航班时间，电话的那一头却传来了文静的邹大姐平时少有的明显兴奋的声音："丹藜，太完美了！找到'万物咸利'金匾的出处了！……"

"啊？找到它背后的故事了！"

"可不是嘛，这匾是光绪十一年九月初七日，两广总督张之洞奏请慈禧太后、光绪皇帝颁发的。"

"张之洞？"

"是啊，他的奏折和皇帝批示的'录副'原件，完好地保存在历史档案馆呢！……"

"真的？！"

邹大姐虽然高兴，但语速仍是一贯的不急不徐，清晰地念出了张之洞的奏折和皇帝的批示……

三

邹大姐终于到香港了，我也终于看到了张之洞奏请朝廷颁发"万物咸利"奏折的大概模样……

奏折原文为："两广总督臣张之洞、广东巡抚臣倪文蔚跪奏：为商民捐集粤赈，援案恳请颁发匾额，以资观感，仰祈圣鉴事。……谨合词恭折具陈，伏祈皇太后、皇上圣鉴。谨奏。九月初七日。"

这件奏折是两广总督张之洞、广东巡抚倪文蔚联名奏报慈禧皇太后和光绪皇帝的，大意说：光绪十一年（1885年）五月间，广东西北永江发生特大水灾，灾民流离失所，而官方赈灾不足以解民于水火。于是，香港东华医院董事何献墀等，劝谕在港商民，捐资助赈，并电致上海以及旅美旧金山等处华商，一体捐助，合共募得洋银四万六千余元。然后东华医院分派司事人员，前往灾区，把赈灾款分发到灾民手中。张、倪对此做过认真核实，认为东华医院及各界善士实属"好善乐施"，而全省负责赈灾事务的各级官员，也纷纷要求总督、巡抚上奏朝廷，"恳恩嘉奖，赏颁匾额"。

清朝典章制度颇有英美"普通法"特点，讲究"先例"。张、倪二位查出光绪四年（1878年）广东水灾，旧金山中华会馆筹捐赈银两万四百余元，经当时两广总督张树声上奏，朝廷颁给匾额并传旨嘉奖。援引此先例，二人"仰恳天恩，俯准颁发匾额一方，由臣等转给香港东华医院，敬谨悬挂"。这件成案，又引出东华三院所属上环文武庙光绪御笔"神威普佑"匾的神秘身世。

<h1 style="text-align:center">四</h1>

文武庙一年四季香火鼎盛，它位于香港岛上环，而光绪御笔（神威普佑）匾就挂在正堂之上。记不清自己曾经在那里上过多少次香，每次仰头凝视御匾，着实地为我们在传承着香港的慈善文化感到骄傲，即使如此，当听完了邹爱莲大姐给我讲的御匾的故事后，还是情不自禁地"啊"了一声！

从现存张之洞奏折上加插的办理结果："军机大臣奉旨：……着南书房翰林，恭书匾额一方，发交张之洞等"可以确定，这两件御匾都是"南书房翰林恭书"代笔的。

代笔的？！真不曾想过！但……好像也只能是代笔的呀！

光绪皇帝五岁继位，由慈安、慈禧两宫太后按《垂帘章程》，实行"垂帘听政"。这期间，各级官员上奏朝廷的奏折，是秉承两宫太后的旨意批示，由军机大臣以黑色墨迹在奏折上写下"军机大臣奉旨"字样。这是光绪十三年（1887年）元旦光绪皇帝亲政之前的制度安排。由南书房翰林代笔题匾，应该说是非常负责任的做法。南书房翰林是皇帝的秘书班子。翰林是从历年录取的进士中拣选的顶尖人才，包括状元、榜眼、探花。由他们"恭书"之后，再用"光绪御笔之宝"。

中华民族上下五千年，仅两件御匾就蕴含了如此丰富的历史故事！再抬头看到"万物咸利""神威普佑"美妙大气的八个大字，感觉仿佛有所不同，显得更加弥足珍贵。……感谢母亲！她把她最后的爱留在了东华文化廊，一条延绵无尽的长廊……引领着我和家人，也许多少多少年以后，也许有一个不相识的我，会在无意之中，像我今天的无意发现一样发现母亲，一个普通香港人大爱惜福的平凡故事……

可以记住的一句话 ①

"可以用汗水解决的问题，就不要用泪水。"多倔强的一句话！可是我喜欢，我一眼就记下了。在现如今铭志金句满天飞的时下，能记住一句话可不是件容易事儿。其实汗水和泪水的滋味都是苦涩的，当然哪，挥洒汗水的画面是明亮的，而暗自落泪的场景总会凄凉点儿……但是我们谁不曾洒过汗水，谁不曾落过泪水？所以这句话精彩之处不在于此，而是"解决问题"这四个字，让这句话充满了智慧，有了灵魂，赋予了不管是流汗还是流泪的理由……

凡是想不辜负自己的人生，就是有"问题"的人生；凡是想不虚度一生的人生，就是有"大问题"的人生；凡是想有所作为的人生，就是有"大大问题"的人生。解决不了"问题"，汗水泪水都可以省着，因为流了也白流。

只有直面问题，"解决问题"，哪怕流再多汗水和泪水都是值得的，因为我们得到的最高回报，真正是我们的一生……

---

① 原载于《读者》2017 年第 2 期。

让优秀围绕着我 ①

至今还记得很多很多年以前的一个场景：我又在赞许一个朋友，掰着手指头数着她的优秀，不记得当时母亲在忙着什么事情，但记得她转身看我的眼神，有关爱而更多的是一分疑虑："丹藜，全世界的好人都被你遇到了，真为你高兴！可是……""坏人是有的，在小说和电影里……"当时的天真，着实让母亲担心……

几十年过去了，有趣的倒是现如今，我已不再是孩子，尽管我不时刻意提醒自己，"坏人"是会走出小说或者电影的喔！但我的眼睛依然很难发现他们，因为身边的友情每一份都着实宝贵，身边的成功每一个都透着朋友惊人的智慧，身边的故事每一则都善良真挚地感动我！

---

① 原载于《读者》2017 年第 3 期。

让岁月再惊喜 ①

"拍手""拍手手""吃饭""吃饭饭""睡觉""睡觉觉",全世界有孩子的家庭共同创造了这种语言,而且在使用这种语言的时候,人们不约而同地用了和阅历、身高、体重都不相匹配的表情、声音和真诚,十分有趣。道理其实简单,我们成年了,但又想回头走进孩子的世界,让孩子把我们当成孩子。我就是这个人群里的一分子。

当小东西真的"拍手手""吃饭饭""睡觉觉"的时候,我是何等喜悦呀,因为他接受了我,他认同了我的建议,他的心和我相通了……此刻我不由得放飞了所有,让心空灵,空得只剩下"拍手手"的快乐!真是妙得很呢!

孩子的世界令我惊羡,一只飞雀,一个蚂蚁,可以让他们兴奋得脸红!而我们,却早已生活在司空见惯之中,阅历让我们变得越来越"冷""静",我不敢想……这是多令人害怕的事情……我感恩能带着小小的他,将身边所有的事物再"发现"一次,再"惊喜"一次,让"心"温上升,"心"不是"脏",它不应该有岁月的痕迹,心要有热力,有热力就有活力,有活力就有生命力,就永远不会老去……

我要在岁月里留出一块天地,和他一起玩耍,而且要玩耍得和他一样认认真真!

---

① 原载于《读者》2017 年第 5 期。

为自己做证 ①

很久前深夜，电话铃响了，几乎是挣扎着举手摸到了电话，那边的悲号，立刻像一盆凉水泼到头上，我醒了！电话那头失真的声音："他太绝情了！走了！……""你知道……""你知道的……""是她！"这样的哭声来自她？我感到诧异！但她的伤心感动了我，至少那一刻她是真的……

放下电话，久不能入眠，她选择我为倾听人，我是认真听了，回报了她的信任。可是，我没有多说什么，因为该说的都在这一夜之前说过了。"钱真的那么重要吗？""当然！""那也不能不惜一切吧？""你不懂，就得不惜一切！""如果碰壁呢？""怕什么，反正天知、地知、他知、我知……"我无语，因为她深思熟虑了，已为迎接一切后果做好了准备，可今晚这个电话？夜沉沉，心沉沉……

天亮了，一缕霞光直透我的心底，新的一天又开始了，我决意不再安抚昨夜的那个电话，日子一天天是自己过的！旁人无法体验个中滋味，孰是孰非任谁有资格定论？你告诉我许多，我知道，但我无法为你做证。天知、地知，你自己就是自己最好的证人！

向着太阳我在心里默念："祝福你，朋友！"尽管我们实现着不同的自我价值，但希望等我们老了，我们都能为自己做证：我就是成为我想成为的那种人！

---

① 原载于《读者》2017 年第 6 期。

如 果①

　　朋友托我为环保机构填一首歌词，我尝试着拿起笔，但无下笔处，因为歌词和诗文的形态相去甚远。可能只有一点相通：那就是真情的真！于是写下了这篇小文，尽管它可能不会成为歌词。

　　如果，不是看到了黄土地上有了干涸的泪痕；如果，不是原始森林倒下前那声沉重的长叹；如果，不是仿佛来自古远的划破长空愤怒的雷鸣；如果，不是曾经清澈的湖水里再也倒映不出小宝贝们稚嫩的脸蛋儿，我如何会有今天的惊觉？人性、母性、天性，全在我血液里翻腾！难道我们享受先人遗爱，却可以不再爱我们的子孙？难道可以让昨天我们童年记忆中的天空不再蓝？难道让今天绚丽的世界渐渐暗沉？难道明天让儿孙们的眼睛被沙尘风暴迷住，再也看不到先人踪迹？

　　我猛地感到肩头沉重和良心深处的躁动。我想干点什么，我能干点什么呢？哦！那就以我顿悟的心灵，去唤醒更多心灵的顿悟。让千千万万颗爱心将祖先生息繁衍的美丽的地球捧起来，让我们伟大的黄河、长江与莱茵河、尼罗河、密西西比河携手，以那欢腾的万顷碧波，亲吻亚非欧美的大地，亲吻炎黄的子子孙孙。哦，让我们的真爱永存……

---

① 原载于《读者》2017 年第 7 期。

无 题 [①]

我喜欢忙，但不喜欢乱忙，更不喜欢忙乱，所以我喜欢每周有张时间表，就像是我钢琴上的五线谱，节奏、旋律、情调、轻重都有了，心里特别踏实。我尽量不敷衍任何一个音符和小节，我尽量全情地用心弹奏，因为串起这一张张时间表就是我的生命乐章，我必须庄重地表现。当然谁的乐章都一定不会人人喜爱，正好我也从不在意，自信是最自然流畅的自己，忙吧！值得就行。

[①] 原载于《读者》2017 年第 8 期。

直　说①

　　美在我，不是动机，是结果。"你保养得真好""你总是那么讲究""你太会打扮了"，话的背后是褒贬，我从没研究，只会真诚地道一声"谢谢"！可是，天知道，对于一个一天只有 24 小时，又是有家室的工作狂的我来说，我哪里消费得起这些过程的时间啊！人们见到我的样子，是"五分钟"的结果，你信吗？不管你信不信，这是真的！家里的衣服、鞋子、包都待在该待的地方，搭配它们只是一瞬间的事，要说我还藏着点什么的话，那可能也就在这"一瞬间"里面。因为它是几十年沉淀的审美和品位……另外，可能还和行为、处事、风格相关吧，礼貌的招呼、真诚的微笑、负责任的态度、阳光的心态……是这些吧，因为人们见到的是一个四维的我，即使是平面报道，那后面不也附着我的故事吗？

　　所以，有意无意的细节，包括衣着，我只做了一个并不需要花费时间的动作，那就是"配得上自己"！

---

　　①　原载于《读者》2017 年第 9 期。

云 云①

我喜欢看云，是特别特别喜欢的那一种！我可以趴在飞机舱窗口看它一两个小时，以至于有一次旁边座位的妇人问我："你是第一次坐飞机吗？"云的确好看，但是穷我所有会用的辞藻也说不清楚它怎么个好看法。固体的文字在瞬息万变，在任意缥缈，在流动的云彩面前当然是措手不及的，那干脆就不去形容它了。

倒是妇人的问题引发我有趣的遐想。上下几千年，人类都在地上看云天，飞机问世有多少年了？在飞机上看云彩的历史肯定不遥远，但老祖宗说"天外有天"说了有几千年了，为什么硬是挨到现代，让我们真的看到天外天了呢？这不是很让人得意称快之事吗？我脑子里甚至能想象先人祭天拜天仰视天空的场景，还真的有些为之遗憾。这样千娇百态的壮美，连三皇五帝也没曾见识过……哦，命运就是这样的，它首先属于时代，其后才属于自己，就好像多少年以后，我们的子孙畅游太空，回望历史为我们感到遗憾，一样一样。

---

① 原载于《读者》2017 年第 11 期。

秋 了 ①

一把秋叶，
满地黄金，
最美自然艳了人间。
去是将去，
但又留情，
满树满枝果果为证。
风刀霜剑，
不难过兮，
相约明年还是此地。

---

① 原载于《读者》2017 年第 12 期。

元旦小幽默 ①

　　2017 年 12 月最后的几天，全人类好像都进入短跑冲刺的时刻，人人都忙得一塌糊涂，恨不得往回拽一拽跑得正欢的时间……"嗖"一声，手机收到讯息的提示，接着"嗖、嗖、嗖"……放不下手上的事，只用眼睛瞄了一眼，是好友："提前祝新年快乐……再见 2017 年！"能不提前吗？！就你这会儿闲！还再见……？！哈哈哈！我嘀咕着忍不住笑了起来，"天哪！"我拿起手机，直接语音："亲爱的，小学还没毕业呢！还再见？见得到吗？'再'是可重复的！'再'是只要努力就可以再现的，'再'是……"这是小学课堂上老师的话，这会却顺嘴就来了，还没说完呢，讯息嗖嗖的频率快了起来，我翻到微信页面，好嘛！密密麻麻好像糖葫芦，红点长长地串着，"祝新年快乐……再见 2017……再见……再见……"这是约好了的吗？不说永别，说辞旧也行啊！2017 年是人类共同努力就可以再现吗？

　　从元年到 2017 年，这是多厚重、多悠久的历史长河啊！它只会向前，永远向前的，因为它是岁月呀……想到此我放下手里的事情闭上眼睛，多珍贵的感触啊！在这历史的长河中，我们的百年是多短暂的一段！"说再见是留恋逝去的光阴，是不忍心的惜别，是揣着为 2017 年奋斗过的热情，执着地迈进2018 年！"……尽管我们的汉字用法讲究，但这一刻错就错吧，权当是元旦夜文化人的小幽默，唯有幽默可以为所有的窘情画圆……我摁下语音键调高嗓音，对我最亲爱的家人和朋友们说：祝新年快乐！向 2017 说再见！

---

① 原载于《读者》2018 年第 1 期。

"灯" ①

　　现在的日子里，如果没有了灯，真不知该怎么过！我想，在没有电之前，人是什么时候开始有灯的呢？也就是"灯"这个字是什么时候出生的呢？在数不清的和"灯"相关的词汇里，试图找到它的生日。

　　突然"灯下黑"在脑子里闪现了，它被常用，也因为它和现在我们用灯的体验相反，灯下应该是最亮的！那此灯定然不是彼灯，那是什么"灯"会"下黑"呢？灯笼的灯不会错吧！只有灯笼是下黑，那什么时候开始有灯笼的呢？一定是要先有物才有名的呀，啊唷！这一下可就没完了，有关灯笼的诗、灯笼的画、灯笼的意境拽着我向 100 年、500 年、1000 年的历史望去，仿佛走进了迷宫。

　　"灯"这个字可真够老啊！这么老的字现在还这么让人离不得，那是因为它多会改良自己，多会改头换面啊！它就是这样理所当然地带着悠悠久久的历史，却逍逍遥遥地活跃在现如今人们的生活中……

---

① 原载于《读者》2018 年第 3 期。

孤独的美境 ①

　　"孤独"是一种状态，世人们通常理解的不尽如人意的状态。可是在我们最活跃的人生里程阶段，孤独于我却是那样令人热爱。

　　日程几乎每天是满满的，用来整理表面生活的时间表被挤得变了形，不同的人群，不同的事情，不同的角色，不管情不情愿，把你放在了社会生活中。所以难得的一点独处的时间，显得格外珍贵。因为只有这时，才能梳理内在的自己，让内心生活有秩序起来，也只有这时，我才能自由自在谈谈自己，想想自己，走近自己。每每这样的时刻，我眼前的天空会更蓝，花会更美，茶会更香，琴声会更令人陶醉……

　　于现在的我，"孤独"是乘万物以游心的美好……

---

① 　原载于《读者》2018 年第 4 期。

趁早折腾 ①

　　五月的星期天早上，很想很想赖在沙发上，喝喝咖啡看看书，给自己放个小假……可我还是从沙发上蹦了起来，开始"折腾"。因为不折腾不行呀，那些冬天让我暖洋洋的绒衣，松软的被垫，厚厚的挡风帘子……让我不能安静，搬这搬那，爬上爬下，一整天就这样折腾过去了。虽然满身大汗，累得不行，但感觉却出奇的爽！心终于静下来了，薄薄的窗纱，飘逸的长裙，淡淡的桌布靠垫，这个家焕然一新。此时再靠在沙发上，别提我有多惬意！这就是折腾以后的享受！

　　人不能不折腾，不折腾生活就成不了你想要的样子，不折腾人生就成不了你想要的人生。只要你还热爱着生活，那就去折腾；只要你还热爱着生命，那就去折腾。我要用一辈子的时间，我要折腾出一个最配得上自己的无悔的人生。

---

① 原载于《读者》2018 年第 5 期。

所有的浪漫都幸福 ①

在拥挤的都市里，能拥有三分地，那称得上是珍贵的财富。那叫"园子"的地方，应该是五彩繁花、异香扑鼻，甚至能傍晚荡着小小的秋千，和好友喝茶聊天，来为日子制造一点浪漫。可是消费这点财富还要能腾出时间，这所谓的浪漫就先在脑子里享受享受吧！

出差回家，出机场照样收到老公奉上的一束花。上车了，老公高兴地说："园子里的花都开了，这就是。""喔？！"到家了，刚收拾完自己，老公喊我："吃饭了！"我在餐桌的一头放好刚才的花，老公指着桌上的菜高兴地说："刚摘的咱们园子里的菜。""喔？！"是吗？我这个城里人就是大惊小怪。我趴在餐厅的窗上望出去，就在这三分地里，一边盛开着鲜花，一边是各种叶子，不同形状。在那叶子当中，还看到一个和我在超市里看到的一样一样的正洋红色的西红柿！夕阳下，这是多美的一幅画呀！……显然放秋千的地方没了，可是，这首田园交响曲却意外地让我享受着浪漫。

回头看看桌上的花，看看还在忙着张罗的他，我皱着眉头但也没忍住笑出来地喊了一声："土、老、帽！怎么把园子搞成这样！"

---

① 原载于《读者》2018年第7期。

浇灌自己 ①

　　"浇灌"和"娇惯"在国语里是完全同音的两个词，我都喜欢，因为我是女人。"浇灌"是在一生中，为自己的心智和灵魂不断注入新的东西；而"娇惯"则是适度但经常地放任一下自己。"娇惯"较易，"浇灌"较难，但这两个词有着内在深深的关系。

　　随着漫漫时光走来，我对"浇灌"越来越多地渴望，对"娇惯"却越来越明显地疏忽了。是啊，当我对"价值""原则""理念"越来越接近清晰的时候，我就越来越努力地朝着它们实践。虽然这样的过程有时会很艰苦，甚至要残酷地鞭挞自己，但最终我超越了。我要证明给自己，我是一天比一天过得明白，我在让每一天，越来越丰富和生动。十年二十年前，朋友赞我"美"，我的感觉是那样的。现在朋友再赞我"美"，我会回报一个自信的微笑。我知道，我比二十年前有底蕴了，我的质量已呈现为我的外表了，我在乎和不在乎的东西有了太多、太大的不同了……

　　继续用知识、用大义、用大爱好好"浇灌"自己，因为人生仅此一次……

---

① 原载于《读者》2018 年第 8 期。

国　家 ①

　　偶然看了一相亲的电视节目，挺有趣的。来自几个不同国家的小帅哥，带着只属于他们的国家印记，用还过得去的中国话，和姑娘们交谈，"我来自哪儿，哪儿，哪儿……我们那儿有什么，什么，什么……即使是不能从这儿把中国姑娘带到那儿，我们那儿也欢迎你们来做客……"做客！就好像张家李家见面说：常过来坐坐！串门的意思？其实还真就是这么个意思。张家说：这些天正喝着新茶，来咱家先吃烤肉再解解腻，李家就好像已经闻到飘香。王家说：早听说李家有了不得的收藏；李家说快请过来同尝……如是受邀是不可却之的盛情。真正的动心，当然和偷窥扯不上边，但起码是强烈到按捺不住的好奇，这是包含在人性范围中的特点，于是全世界增添了一个行业叫"旅游"。而旅游带给人说不尽的乐趣、留念、激动和喜悦，旅游途中的人们像满足了好奇心的孩子，而一旦满足就归心似箭了，因为要把一肚子的见闻讲给家人听、同事听、所有的朋友听，要谈经历、谈体验，所以急匆匆地要回国、回国、回国……只有回国才能回到家，只有回家才能尽情地宣泄激情，分享快乐，只有家人才会懂你说的每一句话。

　　故此游得一时，哪能一世？归途就是回国，回家……

---

　　①　原载于《读者》2018 年第 9 期。

笼 ①

　　馒头是和面包类似的中国北方的主粮，而笼子就是用来蒸馒头用的。长久以来人们习惯把笼子概念延伸理解成一种禁锢，可不是吗？再大的馒头也是在笼子里蒸出来的，就是笼子限制了馒头……可是我不以为然，如果我们自己就是笼子，我们的胸怀就是笼子，我们的格局就是笼子，如果我们的笼子够大、够宽、够阔，它也能蒸出大大的丰满的馒头……所以重要的是笼子够大，方可以承载丰硕的人生……

---

① 原载于《读者》2018 年第 10 期。

无龄时代 ①

　　我为生活在这个奇妙的时代感到庆幸，真的。公元 2018 年，我对朋友们说，只要我们保持健康，我们就会一直年轻，年轻到最后离开这个世界，朋友们一片嘘声，而我却无比兴奋。曾几何时，我们还在不断地接受"不听老人言，吃亏在眼前"的教诲；还在计较盐吃得多和饭吃得多的分别；还在度量过桥和走路的长短……科技不给我们一点商量的余地，让我们一步迈进了崭新时代，在翻天覆地的创新面前，我们都成了孩子，都要从头来学。这里没有经验，只有探索；这里没有成功可借鉴，只有每天的朝阳启发你的想象；这里没有约束，只有无怨无悔的追从……每天应接不暇的新生活，要用满满的好奇心来适应；每天瞬息万变的辞令，要用满满的童心来解读。就一个高科技手机摆在面前，饭吃得多的和盐吃得多的都伏在案头戴着各自的眼镜，一起研究一个应用键的功能；走路多的图快，过桥多的图省钱，都拥到网上去拼拼拼……

　　这是一个无龄时代，日新月异的惊喜，像新生的细胞，不断替换着我们的脑子。我们都来不及老去，我们都没有时间让自己老去，因为能拥抱这个时代的只有热爱生活的无龄的人……

---

　　① 原载于《读者》2018 年第 11 期。

怀 念 ①

2019 气势磅礴地来临了，回首 2018，于我最要惜别、最要缅怀的莫过于这两位令我顶礼膜拜的老人仙逝了……在他们那么漫长又那么短暂的一世中，居然曾给予过我那么宝贵的时光瞬间，居然曾当面给予过我人生的箴言，历历在目，却不可再得了……唯长久追思，永久纪念……

---

① 原载于《读者》2018 年第 12 期。

图书在版编目（CIP）数据

砥砺初心 / 冯丹藜著 . —北京：中国文史出版社，
2021.8

（政协委员文库）

ISBN 978-7-5205-3153-5

Ⅰ . ①砥…　Ⅱ . ①冯…　Ⅲ . ①社会科学—文集
Ⅳ . ① C53

中国版本图书馆 CIP 数据核字（2021）第 183695 号

责任编辑：梁玉梅

出版发行：**中国文史出版社**

社　　址：北京市海淀区西八里庄路 69 号院　邮编：100142

电　　话：010-81136606　81136602　81136603（发行部）

传　　真：010-81136655

印　　装：北京新华印刷有限公司

经　　销：全国新华书店

开　　本：16 开

印　　张：16　插页：8

字　　数：256 千字

版　　次：2022 年 1 月北京第 1 版

印　　次：2022 年 1 月第 1 次印刷

定　　价：58.00 元